データで学ぶ
日本語学入門

計量国語学会 編集

編集委員　伊藤雅光
　　　　　荻野紫穂
　　　　　荻野綱男
　　　　　長谷川守寿
　　　　　丸山直子

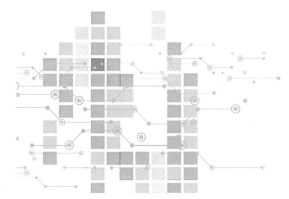

朝倉書店

執筆者一覧

*伊藤 雅光	元大正大学文学部	5章・付録A
岡田 祥平	新潟大学教育学部	1章
*荻野 紫穂	武蔵大学経済学部	10章・付録B
*荻野 綱男	日本大学文理学部	6章
白井 英俊	中京大学工学部	10章・付録B
田中 牧郎	明治大学国際日本学部	8章
田中ゆかり	日本大学文理学部	7章
*長谷川守寿	首都大学東京都市教養学部	9章
*丸山 直子	東京女子大学現代教養学部	4章
山崎　誠	国立国語研究所言語変化研究領域	3章
横山 詔一	国立国語研究所言語変化研究領域	2章

［五十音順　*は編集委員］

まえがき

　計量国語学会の創立50周年記念出版として、2009年に『計量国語学事典』が朝倉書店から刊行された。その内容は計量国語学の各分野のこれまでの研究の流れと最新の研究成果の解説から構成されている。同書は研究者には計量国語学の展望が得られるということで好評を博し、初版は3ヵ月で在庫がなくなった。しかし、初心者とりわけ文系の学生にとっては理解しがたい内容が含まれていたことも事実である。

　その点も考慮に入れて創立60周年記念出版として企画されたのが本書である。本書はまったく統計的な知識がない初心者でも統計の基礎を独学で学ぶことができ、さらに計量国語学の各分野の基礎的事項も理解できるように配慮し、かつリポートや論文の作成に応用できることを目的として作成された。

　計量国語学は統計的な調査・研究方法を全面的に採用している点に特徴がある。なぜ統計学を採用したかというと、その方法がもっとも科学的な方法だからである。現在の自然科学のどの分野も統計学を採用したことにより科学になったといわれている。

　戦前までの国語学は国文学の補助学問という位置づけにあった。つまり古典本文の解釈を補助する学問であり、研究テーマはことばの個別的な特殊事例の解明が主流であった。この名残は現在の日本語学の研究にも依然として認められる。しかし、科学が目指すのは事象の一般性の解明である。つまり、科学としてのことばの研究をするためには、計量国語学の素養がどうしても必要なのである。科学的な言語研究者が一人でも多くなることを通して、科学的な言語研究がさらに発展していくことを願って本書を刊行するものである。

2017年2月

荻野　綱男（計量国語学会会長）
伊藤　雅光（計量国語学会副会長）

目　　次

第1章　音声・音韻
現代の日本語には何種類の音があるの？　どの音がよく使用されているの？
　　………………………………………………………………【岡田祥平】　1
1.1　母音と子音、半母音　*2*
　　母音・子音・半母音とは　*2*／現代の日本語の母音と子音はそれぞれ何種類あるの？　*3*
1.2　モーラ　*4*
　　モーラとは　*4*／現代の日本語のモーラは何種類あるの？　*5*
1.3　音声言語に出現したモーラと書記言語に出現したモーラ　*7*
　　使用率①——モーラの構造別　*8*／使用率②——直音と拗音　*9*／使用率③——特殊モーラの内訳　*10*
1.4　まとめ　*11*

第2章　文字・表記
文字と社会生活はどのようにかかわるの？　………………【横山詔一】　14
2.1　文字環境という考え方　*15*
2.2　延べと異なり　*16*
2.3　漢字含有率　*17*
2.4　カバー率　*17*
2.5　文字表記に関する人間心理　*18*
　　ネットによる調査　*18*／調査の結果　*19*／調査からわかること　*19*
2.6　まとめ　*20*

第3章　語　彙
日本語にはどんな言葉が多いの？　……………………………【山崎　誠】　22
3.1　計量語彙論　*23*
　　計量語彙論の基礎　*23*／計量語彙論の指標　*24*

3.2 語彙量の実態　25
　　語彙表の見方　25／ジャンルと語彙　27
3.3 意味分野と語彙　28
3.4 基本語彙と特徴語　28
3.5 語彙の変化　30
　　語種の変化　30／語の新旧　30
3.6 語彙研究に役立つ言語資料　31

第4章　文法・意味
文法現象をデータで見るってどういうこと？……………………【丸山直子】　33
4.1 「文法」とは？　33
4.2 時代による変遷、同時代の使用のゆれ　34
　　動詞の可能形　34／形容動詞の連体修飾形　35／副詞の呼応　36／その他　37
4.3 分野による相違、使用者による相違　37
　　分野による相違——尊敬待遇表現　37／分野による相違——助詞　38／使用者（母語話者か非母語話者（学習者）か）による相違——助詞　40
4.4 文法現象を数値化することの意味　42
　　語順　42／日本語教育用文法シラバス作成のためのコーパス調査　43
4.5 まとめ　43

第5章　文章・文体
文章と文体の個性は数ではかれるの？………………………………【伊藤雅光】　45
5.1 品詞比率から文体の特徴を判定する　45
　　散布図を作る　45／散布図を分析して解釈する　46
5.2 文章と文体　48
5.3 文章の個性をはかる——文章指標・MVRとは何か　49
　　文章の表現体系　49／名詞の比率が持つ意味　50／文章指標・MVRの計算方法　51／MVRの判定方法　51／名詞比率とMVRとを組み合わせる意味　52
5.4 目的別の文章・文体の計量的研究　54
5.5 まとめ　55

第6章　社会言語学
　人によってことばの使い方はどう違うの？ ……………………【荻野綱男】　**56**
　6.1　話し手の属性差——年齢差　*57*
　6.2　話し手の属性差——男女差　*61*
　6.3　聞き手の属性差——聞き手敬語のとらえ方　*64*
　6.4　社会言語学の考え方と計量的な見方　*66*

第7章　方　言
　関西人は「いつでもどこでも関西弁」って本当？ ………………【田中ゆかり】　**69**
　7.1　「方言」とは何か？　*71*
　　「方言」と「言語」　*71*／「地域方言」と「社会方言」、「方言」と「標準語」
　　「共通語」　*72*／日本語の方言はいくつあるのか？　*73*
　7.2　計量的な手法を用いた「方言」研究　*75*
　　「標準語形」の分布から見た地域差——差異を捉える研究①　*75*／「共通語」
　　への心理的距離から見た地域差——差異を捉える研究②　*78*／共通語能力の
　　獲得——変化を捉える研究　*79*
　7.3　おわりに　*82*

第8章　日本語史
　昔といまでは「ことば」が違うの？ ……………………………【田中牧郎】　**84**
　8.1　古典語の語彙調査　*85*
　8.2　『日本語歴史コーパス』について　*86*
　8.3　『今昔物語集』に見る文体の違いによる語種構成比率の違い　*88*
　8.4　話しことばに基盤を置く文章における語彙の変遷　*90*
　8.5　どのような漢語が増えたのか——品詞の観点から　*91*
　8.7　まとめ　*94*

第9章　日本語教育
　日本語学習者の日本語は、母語話者と、どこがどう違うの？ ……【長谷川守寿】　**96**
　9.1　豆腐はいつでも「売っていますから」？「売っているから」？　*96*
　9.2　「借してくれない？」　*100*
　9.3　「何も食べません」「何も食べないです」、どちらをよく使いますか？　*102*

目　　次

9.4　まとめ　*105*

第 10 章　日本語処理
文の類似度や重要度をコンピュータはどのように計算しているの？
………………………………………………………………【荻野紫穂・白井英俊】　**107**

10.1　一般的な自然言語処理の段階——形態素解析から文脈解析まで　*108*
10.2　情報検索・文書検索の仕組み　*108*
10.3　情報検索で用いられる「特徴」とは—— BoW 表現と単語文書行列　*109*
10.4　単語文書行列と文書の類似度　*110*
10.5　単語の重要度をどのように決めるか—— TF-IDF 法　*113*
10.6　ニューラルネットワークと自然言語処理　*117*
10.7　コーパスとプログラミング言語　*117*

付録 A　ことばの統計学入門　………………………………………【伊藤雅光】　*119*
付録 B　コンピュータは日本語をどう扱うか…………【荻野紫穂・白井英俊】　*136*

さらなる学習のための参考文献………………………………………………………　*148*
索　　引………………………………………………………………………………　*151*

第1章 音声・音韻

岡田祥平

現代の日本語には何種類の音があるの？
どの音がよく使用されているの？

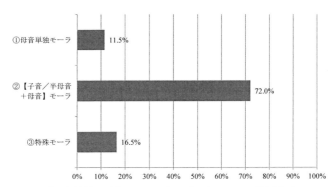

図1.1 『日本語話し言葉コーパス』に現れたモーラの使用率（モーラの構造別・総計は14,368,149モーラ）

突然であるが、俳句はいくつの音のかたまりで成り立っているかと質問されたら、どのように回答するか、考えてほしい。読者の多くは、5・7・5の17音で成り立っていると答えるのではないだろうか。

日本語研究の世界では、そのような形でカウントされる音のかたまり（おおよそ仮名1文字に相当する）のことを「モーラ」と呼んでいる。1.2.1項でも説明するが、現代の日本語のモーラは、以下の3種類に分けることができる。

① 母音単独モーラ：「ア」「イ」「ウ」「エ」「オ」単独モーラ5種類
② 【子音／半母音＋母音】モーラ：①と③以外のモーラ131種類
③ 特殊モーラ：「撥音・ン」「促音・ッ」「長音・ー」の3種類

図1.1は、『日本語話し言葉コーパス』（詳細は国立国語研究所（2006）や前川監修（2015）を参照）に格納された音声に現れたすべてのモーラの数を、上の3つに分けてそれぞれカウントし、全モーラ数に占めるそれぞれのモーラ数の割合（使用率という。単位は％）を求めた結果を棒グラフに示したものである。図1.1から、②【子音／半母音＋母音】モーラの使用率が圧倒的に高いことがわかる。それは、②【子音／半母音＋母音】モーラの種類数が、①母音単独モーラや③特殊

モーラに分類されるモーラと比較して圧倒的に多いためだと考えられる。

ここで注目すべきは、①母音単独モーラよりも種類数で少ない③特殊モーラが、使用率では①母音単独モーラを上回っている点であろう。この事実から、③特殊モーラがモーラの構造の側面からは「特殊」である（1.2.1 項）ものの、現代日本語の音韻（音声の仕組みのこと）体系においては決して「特殊」ではない、安定的な地位を占めていると言えそうである。

◇ 1.1 母音と子音、半母音 ◇

1.1.1 母音・子音・半母音とは

「現代の日本語には、何種類の音がある？」という問いを考えるための大前提の知識として、まず、音の構成要素である「母音」と「子音」について、簡単な説明を行いたい（本節で述べる内容のさらなる詳細については、川原（2015）や窪薗（1999）などをご覧いただきたい）。

「日本語には『ア・イ・ウ・エ・オ』の5つの母音がある」とか、「英語に比べて日本語は母音の数も子音の数も少ない」といった話を耳にしたことがある読者もいるであろう。では、そもそも、「母音」や「子音」とは一体どのようにして作られる音なのであろうか。

人間は生きるために呼吸をする。新たな空気を吸うためには、空気を肺から出す必要がある。肺から出た空気は、気管を通って、口や鼻から外に出されるが、その際、空気の流れをまったく邪魔しないで作る音を母音、空気の流れをどこかで邪魔することによって作る音を子音と呼んでいる。つまり、母音や子音は、ともに肺から出る空気を利用して作られるのである（ただし、世界の言語を見渡すと、ごく少数ながら肺から出る空気以外を利用して作られる子音も存在する）。

以上、母音と子音について、ごくごく簡単に説明をしてきたが、それでは図1.1の②にある「半母音」というのはいったい何だろうか。現代日本語であればヤ行音の子音や「ワ」の子音が一般的には「半母音」と呼ばれるが、「半母音」とはいったいどのような音なのであろうか。

実は母音と子音は必ずしも明確にわけられるのであるわけではなく、母音に通じる性格を持つ子音を「半母音」と一般には呼んでいる（したがって、「半母音」のことを「半子音」と表現する場合もある）。先に、肺から出た空気の流れを邪魔することによって作る音のことを子音と呼ぶと述べたが、半母音と呼ばれる音は、子音であるにもかかわらず肺から出た空気の流れを邪魔する度合いが極端に小さ

く、[イ] や [ウ] といった口の開き度合いの小さい母音と連続性を持つ。それゆえ、子音でありながら母音の性格も帯びているため、半母音と呼ばれるのである。

なお、口の開き度合いや唇の形、肺から出た空気の流れを邪魔する場所、肺から出た空気の流れを邪魔する方法などを変化させることにより、母音や子音の音色の違い（たとえば、[ア] と [イ] の違いや、[バ] と [パ] の違い）が生じる。

1.1.2 現代の日本語の母音と子音はそれぞれ何種類あるの？

現代の日本語の場合、a（ア）・i（イ）・ɯ（ウ）e（エ）o（オ）という5つの母音を認めることができる。一方、現代の日本語の子音の種類は、研究者によって数え方も多少異なるが、おおよそ、k（カ行）、g・ŋ（ガ行）、s・ɕ（サ行）、z・d͡z・z・d͡ʑ（ザ行）、t・t͡ɕ・t͡s（タ行）、d（ダ行）、n（ナ行）、h・ç・ɸ（ハ行）、b（バ行）、p（パ行）、m（マ行）、j（ヤ行）、r（ラ行）、ɯ（ワの子音）という約20程度を認めることができる。

では、これらの数は、世界の諸言語と比較して多いのであろうか。それとも少ないのであろうか。

日本語、英語、フランス語、ドイツ語、ロシア語、イタリア語、イスパニア語、中国語の広東方言、ベンガル語、セチュアナ語（ボツワナで話されている言語）の10言語に出現する音の使用率を求めた大西（1937）では、各言語の母音数、ならびに子音数を以下の表1.1のように認定している（なお、大西（1937）は [ai] [oi] といった二重母音や [eo] [ue] といった母音連続も単独の母音同様、1種類と数えているため、たとえば日本語の母音数が19と、多くなっている）。

また、渡部（1996）は、UPSID（UCLA phonological Segment Inventory Database）で取り上げられている317の言語について、[a] [i] といった短母音の種類を数えた結果、現代日本語のような5つの母音を持つ言語が最も多く、34%で

表1.1 世界の諸言語の母音数と子音数（大西（1937）による）

言語名	母音数	子音数	言語名	母音数	子音数
日本語	19	21	イタリア語	14	25
英語	24	24	イスパニア語	10	26
フランス語	33	35	中国語広東方言	15	17
ドイツ語	23	22	ベンガル語	29	27
ロシア語	14	28	セチュアナ語	21	26

あったと報告している。

さらに、世界の諸言語の言語学的な諸特徴の地理的分布をまとめたWALS(*The World Atlas of Language Structures*)を見ると、日本語の母音の数は536言語との比較において「平均的」(5、6種類)であると分類されている(Maddieson (2013b))。また、日本語の子音の数は564言語との比較において「比較的少ない」(15〜18種類・19〜25種類が平均的とされる)と分類されている(Maddieson (2013a))。

これらを踏まえると、世界の諸言語との比較において、現代日本語は母音の種類が少ない言語とは必ずしも言えない一方、子音の数は若干少ない言語であると言えそうである。

◇ 1.2 モ ー ラ ◇

1.2.1 モーラとは

前節では、母音と子音を単位として、「現代の日本語では、何種類の音があるのであろうか?」という問いについて考えた。しかし、現代の日本語の場合、通常、母音だけで構成される単語は少ないし(それでも、5つの母音の組み合わせで「青」「上」など、種々の単語を作ることができるが)、子音だけで構成される単語はない。つまり、現代の日本語の場合、多くは【子音+母音】という音のかたまりを基本的な一単位としていると考えるべきであろう。

そのような音のかたまりの基本的な単位を整理し、まとめたものが、みなさんもご存知の五十音図なのである。五十音図とは、実は、縦軸に母音(ア・イ・ウ・エ・オ)を、横軸に子音(カ行・サ行・タ行…)をそれぞれ取り、現代の日本語の音の単位を整理したものである(詳細は、川原(2015)の第2章なども参照)。そして、その五十音図で整理された現代の日本語の音の単位を、言語研究、日本語研究の世界では「モーラ」と呼んでいる。

モーラは、基本的には【子音+母音】、あるいは【母音】単独という、必ず母音を含む形で構成されるが、3種類の例外も存在する。それらは、促音(「ッ」)、撥音(「ン」)、長音(「ー」)と呼ばれる音である。あらためて五十音図を思い出すと、促音、撥音、長音は、上述した五十音図の枠の外に位置づけられていることに気付くだろう。このことは、促音、撥音、長音は、縦軸(母音)と横軸(子音)の組み合わせで構成されていないことを意味し、五十音図の枠組みに位置づけることができる【子音+母音】で構成されるモーラ、あるいは【母音】単独で構成さ

れるモーラと一線を画す。それゆえ、促音、撥音、長音が特殊モーラと呼ばれるのである（詳細は、窪薗（1999）などを参照）。

1.2.2　現代の日本語のモーラは何種類あるの？

「現代の日本語では、何種類の音があるのであろうか？」という問いについて、今度はモーラを単位として考えていきたい。

モーラをまとめた表を五十音図と呼んでいるのだから、当然現代の日本語に存在するモーラは 50 種類である。はたしてこのように考えるのは正しいのだろうか？

実は、五十音図が示すように、まさにモーラの種類が 50 種類だったのは、五十音図が成立、普及した平安時代のことであり、現在では、モーラの種類は 50 以上、存在するのである。前節で、現代の日本語の母音は 5 種類、子音は約 20 種類と紹介したが、そこから単純に組み合わせの数を計算しても、現代日本語のモーラは少なくとも 100 種類は、存在すると言える。

もっとも、現代日本語のモーラは何種類存在するかについては、諸説、存在する。この問いを考える上でもっとも大きな問題が、［ティ］［トゥ］といったいわゆる「外来語音」（主に外来語にしか現れない音）も日本語のモーラとして認めるか否かという点である。

かつては"tea party"のことを［ティーパーティー］ではなく［チーパーチー］としか言えない人も多かったという。そのような時代においては、［ティ］という外来語音を日本語のモーラとして認めることは難しい。しかし、現代においては［ティ］という発音を苦にする人は少なくなった（ように思える）。したがって、現代においては、［ティ］という外来語音を日本語のモーラとして認めてもいいと、筆者は考えている。

しかし、現代においても、"telephone"のことを［テレフォン］ではなく［テレホン］、"uniform"のことを［ユニフォーム］ではなく［ユニホーム］と発音する人も少なくない（ここでは、どのようなカタカナ表記をするかではなく、あくまでどのように発音しているか、の問題である）。さらに、［ヴァイオリン］というカタカナ表記は散見されても、実際に［v］の音を発音している日本語母語話者は少ないし、そもそも、日本語母語話者の中で［ba］（［バ］）と［va］（［ヴァ］）を正確に聞き分けられる人たちが多数を占めているとも思えない。したがって、現代においても、ヴァという外来語音を日本語のモーラとして認めてもいいのか

という点は、議論が分かれるように思う。

以上に紹介したような事情により、どの音を現代の日本語のモーラとして認めるのか、現代の日本語のモーラには何種類あるかについては、以下に示すように、研究者によって見解の相違が存在する。

① 亀井孝・金田一春彦： 102（外来語音を含めば128）
② 柴田武： 106
③ 服部四郎： 115
④ 野元菊雄： 117
⑤ 金田一春彦： 133
⑥ 秋永一枝： 128

（秋永（1968）より。諸氏が具体的にどのような音を現代日本語のモーラとして認めているかは、秋永（1968）の［表2］を参照）

秋永（1968）によるまとめでは、金田一春彦氏は現代の日本語には133種類（あるいは102種類、128種）のモーラが存在するという考えだったようである。しかし、金田一（1988）には現代の日本語のモーラは112種類であるという記述もある。すなわち、同じ研究者であっても、現代日本語のモーラは何種類かという問いには常に一定の回答を与えているわけではないということである。このことからも、現代日本語のモーラは何種類かという問いに一定の回答を出すのは難しいということがわかるであろう。

ただ、諸氏の説はおおよそ100以上という点では同様の見解を示していると言える。すなわち、多少の見解の相違はあるとはいえ、現代日本語のモーラは五十音よりはずっと多いことには間違いないということである。もっとも、秋永（1968）は、外来語音を現代日本語のモーラとして積極的に認めればモーラの種類は150近くにまで増えてしまう可能性があるため、「どこまで認めるか、どこかで線を引く必要がある」と述べている。つまり、どのような音までを現代の日本語のモーラとして認定するかの難しい問題ではあるものの、現代日本語のモーラの数は、多く見積もっても150種類を超えることはないと言ってよかろう。

それでは、現代の日本語のモーラの種類が100〜150というのは、世界の言語と比較すると、多いのであろうか、それとも少ないのであろうか。

金田一（1988）には、英語の音節（母音を中心にした音のかたまりのこと。音節とモーラの違いについては、窪薗（1999）を参照）数が3万以上、中国語の音節数は411という研究を紹介したうえで、日本語のモーラは「その種類が世界の

言語の中できわ立って少ないという特色を持つ」という記述が存在する。しかし、英語と中国語という2言語のデータのみで世界の言語に対しての日本語の特徴を論じるのは危険であろう。すなわち、現代の日本語の諸特徴を世界の言語と比較する際には、英語や中国語だけではなくさまざまな言語を考慮に入れる必要があるということである。しかし、現在の筆者はさまざまな言語のモーラ／音節数についてのデータを持ち合わせていない。したがって、「現代の日本語のモーラの種類は世界の言語と比較すると多いのか、それとも少ないのか」という問いについての回答は控えることにしたい。

◇ 1.3　音声言語に出現したモーラと書記言語に出現したモーラ ◇

前節では、現代の日本語の音声・音韻の基本単位がモーラであること、現代の日本語のモーラの種類は約100～150であるということを確認した。それでは、現代の日本語の音声言語（話し言葉）や書記言語（書き言葉）では、各モーラがほぼ等しい使用率で出現しているのであろうか。それとも、出現しやすいモーラとそうでないモーラがあるのであろうか。

この問いに答えるために、ここでは、以下の2つの資料を利用してモーラの使用度数（出現数のこと）とその使用率を求めた研究結果を簡単に紹介したい。

① 音声言語を対象とした調査（以下、**音声言語調査**と呼ぶ）：岡田（2009）国立国語研究所、情報通信研究機構（旧通信総合研究所）、東京工業大学が共同開発した『日本語話し言葉コーパス』（Corpus of Spontaneous Japanese (CSJ)、詳細は国立国語研究所（2006）や前川監修（2015）などを参照）の転記テキストの「発音形」を利用した調査（ここで紹介するデータは、岡田（2009）の120ページから122ページまでに提示されている表6-2、表6-3、表6-4に基づき、筆者が計算しなおしたものである）

② 書記言語を対象とした調査（以下、**書記言語調査**と呼ぶ）：入江（2012）2006年の1月から12月に発行された雑誌『中央公論』から抽出した1万語を対象に行った調査（ここで紹介するデータは、入江（2012）の182ページに提示されている〈音素表6.5-4〉に基づき、筆者が計算しなおしたものである）

なお、岡田（2009）が調査対象にした『日本語話し言葉コーパス』の転記テキストの「発音形」では、現代の日本語の仮名遣いと実際の発音が一致しない語（たとえば、「縮む」「続く」のように「ぢ」「づ」を用いて表記される語や、助詞の

「は」「へ」「を」）も、実際の発音に可能な限り忠実にカタカナで表記されている（先に上げた例であれば、それぞれ「チヂム」「ツヅク」「ワ」「エ」「オ」と表記される。詳細は小磯ほか（2006）などを参照）。一方、入江（2012）も助詞の「は」「へ」「を」は（「ハ」「ヘ」「ヲ」ではなく）「ワ」「エ」「オ」としてカウントしているようである。つまり、ここで取り上げた2つの研究は、ともに音声、もしくは『中央公論』に登場した文章を、それぞれ現代の日本語の仮名遣いに基づき仮名に置き換えた結果をカウントした調査（仮名の使用度数調査）ではなく、音声言語、書記言語それぞれにおけるモーラの出現数をカウントした調査であるということに留意したい。

また、1.2.2項で確認したとおり、現代の日本語のモーラを何種類認めるかは、立場によって異なる。音声言語調査（岡田（2009））と書記言語調査（入江（2012））にもモーラの認定方法に若干の差異はある。具体的には、両者とも母音は5種類、特殊モーラは長音、撥音、促音の3種類を認めていることは共通している。一方、それら以外のモーラについては、音声言語調査では131種類、書記言語調査では95種類を認めている（書記言語調査よりも音声言語調査で認めているモーラの種類が多いのは、後者が前者より外来語音を幅広く認めているという事情による）。

以下、岡田（2009）と入江（2012）に提示されたデータをもとに、音声言語、書記言語、それぞれを対象にモーラの出現実態を取り扱ったいくつかの観点から使用率を求めた結果を紹介することで、本章冒頭で上げた問の後半部、すなわち「現代の日本語では、どの音が最も使用されているのであろうか？」という問いについて、考えていきたい。

1.3.1　使用率①——モーラの構造別

音声言語調査において得られたモーラの使用度数を、①母音単独モーラ、②【子音／半母音＋母音】モーラ、③特殊モーラに分け、それぞれの使用率を求めた結果は、本章冒頭で示した図1.1の通りである。一方、以下に示した図1.2は、書記言語調査において得られたモーラの使用度数を図1.1で示した音声言語調査と同様の形にまとめたものである。

図1.1と図1.2を比較すると、双方、①母音単独モーラが約11％、②【子音／半母音＋母音】モーラが約73％、③特殊モーラが約16％となった。つまり、モーラの構造別という観点からは、音声言語、書記言語とも、モーラの出現傾向はほぼ同様であると言えそうである。

先に、音声言語調査と書記言語調査とでは認定しているモーラの種類数が異なる（音声言語調査のほうが多い）と述べたが、認定するモーラの種類数が異なるとはいえ、実際に出現したモーラの使用率は両者でほぼ共通しているという点に注目したい。

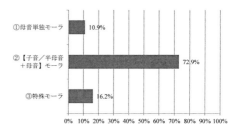

図1.2　雑誌『中央公論』に現れたモーラの使用率（モーラの構造別・総計は49,556モーラ）

1.3.2　使用率②——直音と拗音別

①母音単独モーラと②【子音／半母音＋母音】モーラは、④直音と⑤拗音とに分けることがある。それぞれの音の具体例を表に提示したモーラを例に取り整理すると、以下のようになる。

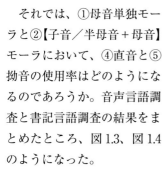

④　直音：「ア」「イ」「カ」「ガ」など仮名1文字で表せるモーラ

⑤　拗音：「キャ」「イェ」など仮名2文字で表せるモーラ(小さい「ャ」「ュ」「ョ」「ァ」「ィ」「ゥ」「ェ」「ォ」が付随しているモーラ)

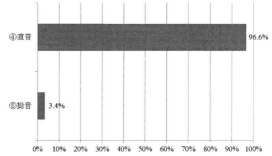

図1.3　『日本語話し言葉コーパス』に現れたモーラの使用率（直音と拗音別・総計は11,997,209モーラ）

それでは、①母音単独モーラと②【子音／半母音＋母音】モーラにおいて、④直音と⑤拗音の使用率はどのようになるのであろうか。音声言語調査と書記言語調査の結果をまとめたところ、図1.3、図1.4のようになった。

図1.3、図1.4を見ると、現

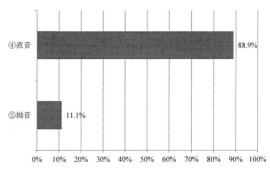

図1.4　雑誌『中央公論』に現れたモーラの使用率（直音と拗音別・総計は41,544モーラ）

代の日本語におけるモーラの使用率は、音声言語、書記言語の双方とも、⑤拗音よりも④直音の方が圧倒的に高いことがわかる。種類数では拗音と直音は大差がないにもかかわらず（たとえば、音声言語調査の調査対象である『日本語話し言葉コーパス』は、⑤拗音として67種類、④直音として68種類を認定している）、使用率は直音のほうがずっと高いのである。

ただし、音声言語より書記言語のほうで⑤拗音の使用率が高いことにも留意したい。実は、書記言語調査より音声言語調査のほうが認定している拗音の種類は多いのだが（前者は32種類、後者は65種類）、拗音の使用率という観点からは逆に書記言語のほうが高くなっているのである。

1.3.3　使用率③──特殊モーラの内訳

本章の冒頭で、使用度数と使用率の観点からは、③特殊モーラは決して「特殊」ではないと指摘した。ただ、一言に特殊モーラと言っても、1.2.1項で説明したとおり、⑥促音、⑦撥音、⑧長音の3種類が存在する（そのほかに二重母音「アイ」「オイ」「ウイ」の第二要素も特殊モーラに含める立場もあるが、ここでは、促音、撥音、長音の3種類を特殊モーラと見なす立場を取る）。

それでは、③特殊モーラにおいて、⑥促音、⑦撥音、⑧長音の使用率はどのようになるのであろうか。音声言語調査と書記言語調査の結果をまとめたところ、図1.5、図1.6のようになった。

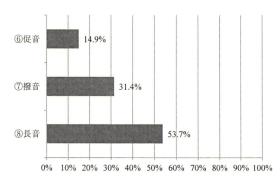

図1.5　『日本語話し言葉コーパス』に現れたモーラの使用率（特殊モーラの内訳・総計は2,370,940モーラ）

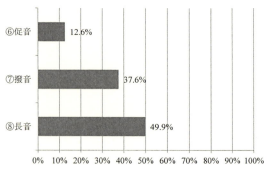

図1.6　雑誌『中央公論』に現れたモーラの使用率（特殊モーラの内訳・総計は8,014モーラ）

図 1.5、図 1.6 を見ると、現代の日本語における特殊モーラの出現傾向は、音声言語、書記言語の双方とも、⑧長音の使用率がもっとも高く、逆に⑥促音の使用率が低い。また、⑦撥音は、音声言語（31.4％）よりも書記言語（37.6％）と、書記言語のほうでやや出現しやすいようである。

◇ 1.4　ま　と　め ◇

　本章では、母音、子音、モーラといった音声に関する用語の基本的な概念を説明したうえで、世界の諸言語と比較しつつ、現代の日本語における母音、子音、モーラの種類の数を紹介した（1.1 節、1.2 節）。また、現代の日本語の音声言語と書記言語の双方を対象に、いくつかの観点から、モーラの使用度数、使用率を確認した（1.3 節）。その結果、現代の日本語においてはすべてのモーラが等しい頻度で現れるのではなく、出現しやすいモーラとそうでないモーラがあることを確認できた。同時に、音声言語と書記言語では、細かく見ていくと差異が認められる場合もあることがわかった（1.3.2 項、1.3.3 項）。紙幅の都合上、ここでは音声言語と書記言語でモーラの使用傾向に微細な差異が認められた理由を深くは考察できないが、ここで一つの可能性を上げておこう。

　現代の日本語においては、和語（主に、漢字で書いた際に訓読みされる語や、助詞、助動詞など）、漢語（主に、漢字で書いた際に音読みされる語）、外来語（主に、カタカナで表記される語）という 3 つの語種において、使用されるモーラの種類の傾向が異なることが指摘されている（たとえば、国立国語研究所（1984））。また、音声言語と書記言語では使用される語種の割合が異なる（音声言語のほうが書記言語より和語が多く使用される傾向が指摘されている。たとえば、西尾（2002））。これらの 2 点を踏まえると、音声言語と書記言語とのあいだで認められたモーラの出現傾向の微細な差異は、音声言語と書記言語とのあいだで使用される語の語種の傾向が異なることが反映したためである、という可能性も考えられる（それを確認するのが研究の第一歩であるが、その作業については、読者に委ねたい）。

　なお、モーラの使用度数は 1.3 節で見た観点以外からも分析、考察は可能である。どのような観点からの分析が可能か、読者自身にも考えてほしい。また、紙幅の都合上、本章は「音声・音韻」というタイトルでありながら、アクセント、イントネーションについて触れられなかった。「さらなる学習のための参考図書」にあげた書籍などを通じて、各自の関心に応じて理解を深めていただきたい。

第1章 音声・音韻——現代の日本語には何種類の音があるの？ どの音がよく使用されているの？

■ 練習問題

1.1 ①母音単独モーラと②【子音／半母音＋母音】モーラは，以下に示すような⑨清音，⑩濁音，⑪半濁音とに分けられる場合もある。

　　⑨清音：　①母音単独のモーラ，および②【子音／半母音＋母音】モーラのうち⑩と⑪以外のもの

　　⑩濁音：　ガ行・ザ行・ダ行・バ行（ここではヴァ行も含む）の直音および拗音（ギャなど）

　　⑪半濁音：　パ行音の直音（パ・ピ・プ・ペ・ポ）および拗音（ピャなど）

それでは，⑨清音，⑩濁音，⑪半濁音の，それぞれの相対度数はどのようになっているであろうか。身近な言語資料（新聞や小説など）をすべてカタカナに置き換え（以下の注1参照），自分でカウントしてみよう（以下の注2参照）。

注1：　文章をカタカナを使用し文字化する際には、できるだけ音読した時の発音に忠実になるように気をつけよう。たとえば、「映画」は「○エーガ」「×エイガ」、「本当に」は「○ホントーニ」「×ホントウニ」というように文字化すること。

注2：　各モーラのカウントは、たとえばMicrosoftのWordの置換機能を使用すれば、簡単にできる。具体的には、「検索する文字列」欄にカウントしたいモーラを入力、「置換後の文字列」欄は空白で「すべて置換」を実行すると置換された個数が出てくるが、それが当該資料に現れたモーラの数である。なお、調査のコツとして先に拗音系のモーラから置換するとよい。

1.2 「しりとり」をしていて、なかなか思いつかないのはどのようなモーラから始まる単語なのであろうか。その理由を、現代の日本語ではどのモーラで始まる単語が多いのかという観点から考えてみよう。手元の国語辞典を利用し、単語の始まりのモーラを基準にページ数を数えることで、現代の日本語において、どのモーラで始まる単語が多いのか、確認することができる。

1.3 1.3節で紹介したデータは、主にフォーマルな場面での独話の音声（学会発表の音声やスピーチの音声）や雑誌を対象にしたものであったが、以下のような場合でも、1.3節で紹介した結果と同様の結果が出るであろうか。

　　①友人同士のカジュアルな場面の会話を一定時間録音し、その音声をカタカナで文字化し、各モーラの数を数えてみよう（文字化の際には、できるだけ実際の発音に忠実になるように気をつけよう。練習問題1.1の注1も参照のこと）。

　　②漢字かな交じりで書かれているTwitterなどSNS（ソーシャル・ネットワーク・システム）に投稿された文章をカタカナで文字化し直し、各モーラの数を数えてみよう。

■ 参考文献

秋永一枝（1969）「日本語の音節（拍）は幾つか」『講座日本語教育』5号　pp.11-21

入江さやか（2012）『日本語の音素の分布・配列に関する歴史的研究』（『同志社日本語研究　別刊』1号）

岡田祥平（2009）『日本語音声言語の記述的研究—『日本語話し言葉コーパス』による再検討—』

参 考 文 献

大阪大学大学院文学研究科提出博士論文
大西雅雄(1937)「語音頻度より見たる十ヶ国語の発音基底」『音声の研究　第6輯』文学社 pp.152-181
川原繁人(2015)『岩波科学ライブラリー244　音とことばのふしぎな世界―メイド声から英語の達人まで―』岩波書店
金田一春彦(1988)『日本語　新版(上)』岩波書店
窪薗晴夫(1999)『現代言語学入門2　日本語の音声』岩波書店
小磯花絵・西川賢哉・間淵洋子(2006)「転記テキスト」『国立国語研究所報告124　日本語話し言葉コーパスの構築法』国立国語研究所　pp.23-132
国立国語研究所(1984)『日本語教育指導参考書12　語彙の研究と教育(上)』大蔵省印刷局
西尾寅弥(2002)「語種」北原保雄監修・斎藤倫明編『朝倉日本語講座4　語彙・意味』朝倉書店 pp.79-109
前川喜久雄監修・小磯花絵編(2015)『講座日本語コーパス　3. 話し言葉コーパス―設計と構築―』朝倉書店
渡部眞一郎(1996)「母音体系の類型論」音韻論研究会編『音韻研究―理論と実践』開拓社
Maddieson, I. (2013a) Consonant Inventories. In : Dryer, M.S. & Haspelmath, M. eds. "The World Atlas of Language Structures Online. Leipzig : Max Planck Institute for Evolutionary Anthropology". (Available online at http://wals.info/chapter/1, Accessed on 2016-08-03.)
Maddieson, I. (2013b) Vowel Quality Inventories. In : Dryer, M.S. & Haspelmath, M. eds. "The World Atlas of Language Structures Online. Leipzig : Max Planck Institute for Evolutionary Anthropology". (Available online at http://wals.info/chapter/2, Accessed on 2016-08-03.)

第2章　文字・表記

横山詔一

文字と社会生活はどのようにかかわるの？

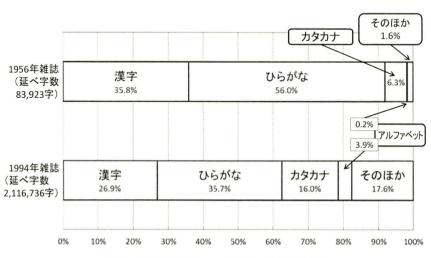

図 2.1　雑誌に印刷された文字種の 30 年間の変化

　私たちの社会生活において、文字使用はどのように変化しているのだろうか。まずは、マスメディアのうち、雑誌について考えてみよう。国立国語研究所は、1956 年と 1994 年に、雑誌に印刷された文字の数をカウントして、漢字、ひらがな、カタカナ、ローマ字（アルファベット）、そのほか（数字や記号など）に分類し、それらの割合を調査した。その結果の一部を図 2.1 に示す（柏野（2007））。

　変化が目立つのは、「ひらがな」である。1956 年には 56.0％だったのが、30 年後の 1994 年には 35.7％に落ち込み、約 20 ポイントも減った。「漢字」は 35.8％から 26.9％になり、10 ポイント近く減少した。それに対して「そのほか（数字や記号など）」は 1.6％から 17.6％に伸び、15 ポイント以上も増加した。また「カタカナ」は 6.3％から 16.0％と伸び、約 10 ポイント増えた。さらに「ローマ字」も 0.2％から 3.9％となり、4 ポイントほど増えている。

　つまり、「ひらがな」と「漢字」をあわせると 30 ポイントほど減少した一方で、「そのほか（数字や記号など）」と「カタカナ」と「ローマ字」をあわせると約 30

ポイント増加したことが明らかになった。このような変化が生じた原因・理由については、いろいろな説明を考えることができそうだが、それについては別の機会にゆずる。

◇ 2.1　文字環境という考え方 ◇

文字と社会生活のつながりを調べるために、ここでは次のような視点からデータをながめてみる（笹原ほか（2003））。

① 新聞・雑誌・書籍、市販辞書、文字コード規格などの資料を分析することによって、直接目に見えるモノとしての物的文字環境の実態を明らかにできるだろう。

② 心理実験などで得られるデータにもとづいて、文字表記に対する「なじみ」や「好み」など、人間の心のなかではたらいている文字認知の仕組み・メカニズム（これは直接は目に見えない）を解明する手がかりが得られるだろう。

つまり、「物的文字環境の実態把握」と「文字認知心理の究明」の両方向を究明するアプローチが必要である。そこでは、文字政策、歴史的背景、使用頻度、接触意識、なじみ、好み、文字使用など、さまざまな要因を考慮しなければならない。その全体像を示したのが図2.2である。以下、これを「文字環境」と呼ぶ（横山（2006））。

私たちは、社会生活において「社会的使用頻度」の高い文字には高い確率で接触する。文字に「接触して読む頻度」の高低は、その文字に対する「記憶痕跡」の強度を変化させ、それが「なじみ」、ひいては「好み」を形成して表記の選択につながり、「社会的使用頻度」に影響を与えると考えられる。さらに、それらの要素以外に、未知の字を既知の字体との類似性判断によってあたりをつける一種の推論作用のほか、文字の「規範意識」や「個人の美的直観」によっても文字生活が影響される可能性がある。このような一連の流れのサイクルが繰り返される。

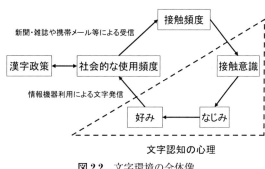

図 2.2　文字環境の全体像

文字環境を明らかにするには「いつ、どこで、誰が、どの文字を、どのように、どの

第2章 文字・表記——文字と社会生活はどのようにかかわるの？

表 2.1 先行研究の略表記

1966 新聞 ← 1966 年の新聞を対象とした『現代新聞の漢字』（国立国語研究所、1976）
1993 新聞 ← 1993 年の新聞を対象とした『新聞電子メディアの漢字』（横山・笹原・野崎、1998）
1956 雑誌 ← 1956 年の雑誌を対象とした『現代雑誌九十種の用語用字 漢字表』（国立国語研究所、1963）
1994 雑誌 ← 1994 年の雑誌を対象にした『現代雑誌の漢字調査』（国立国語研究所、2002）

くらい使ったか」を調べる必要がある。計量国語学の分野においては、漢字の数をカウントした研究がたくさん蓄積されていることを考慮して、以下では漢字に焦点を絞って先行研究を紹介していく。

① いつ：　1960 年前後から 2000 年前後までに限定する。この時期に国立国語研究所などが新聞や雑誌を対象に大規模な漢字調査を実施し、結果が公表されている。

② どこで：　漢字が使用されている地域のほかに、メディア（紙、PC、携帯メールなど）についても考える必要がある。地域は日本国内に限定し、海外は除外する。近年、海外の日本語学習者が 398 万人を超えている（国際交流基金（2013））という状況を視野にいれると、海外の Web サイトなどから提供されている日本語で書かれた情報や、海外で発行されている日本語の出版物も調査対象に含めるのが望ましいのであろうが、それは今後の研究に期待したい。メディアについては、新聞や雑誌などの印刷メディアにくわえてPC による文字表示、つまり電子メディアの一部を取り上げる。

③ 誰が：　雑誌や新聞などのマスメディアのほか、PC、携帯電話、スマートフォン、タブレット端末などのネットツールを使って文字を読み書きしている一般人も対象にする。

④ どの文字（漢字）を：　「文字同定の問題」として後で説明する。

なお、先行研究を表 2.1 のように略記することがある。

◇ 2.2 延べと異なり ◇

文字や語の数をカウントするときの代表的な指標に「延べ」（のべ）と「異なり」がある。たとえば、「国立国語」という文字列に含まれる漢字の数は、延べ 4 字、異なり 3 字である。ごく単純に言えば、異なりは漢字の種類を指す。

1966 新聞の漢字は延べ約 99 万字、異なり 3,213 字であった。1993 新聞の漢字は延べ約 2,340 万字、異なり 4,476 字であった。このように、両者の異なり字数に

1,200字以上の差が生じたのは、資料の延べ字数が1993新聞で20倍以上に達するためと思われる。

そのほか「文字の同定基準」が異なる影響も無視できない。豊島（1999）によれば1966新聞は「円－圓」「万－萬」等を同一視してそれぞれ1つの字種としか数えないが、1993新聞は「円－圓」「万－萬」を区別する。そのため、両者の異なり字数は必然的に一致しない。

文字同定基準をどう立てたのか、またその手続きを操作的にいかに定義したのか、この2点を明らかにしないと異なり字数の比較はできない。残念ながら、1966新聞で「円－圓」「万－萬」などのほかにどのような漢字を同一視したのかのリストは今となっては存在しないようである。

ちなみに、雑誌の場合、1956雑誌の漢字は延べ約28万字、異なり3,328字であった。それに対して1994雑誌の漢字は延べ約57万字、異なり3,586字となった。

◇ 2.3　漢字含有率 ◇

文字全体の中で漢字の占める割合、すなわち「漢字含有率」は1966新聞で約39%（野村（1984））、1993新聞は約41%であった。これを見るかぎりでは両者の漢字含有率に大きな差はない。新聞の場合、約30年前に比べて漢字の含有率は減っていないと言えよう。

表2.2　新聞と雑誌の文字種別含有率

文字種	含有率（%）	
	1993新聞	1994雑誌
漢字	41.4	26.9
ひらがな	36.6	35.7
カタカナ	6.4	16.0
そのほか	15.6	21.5

次に、新聞と雑誌で漢字含有率の違いを調べてみよう。1993新聞と1994雑誌の文字種別含有率を表2.2に示す。1994雑誌の漢字含有率は約27%であった。1993新聞よりも10ポイント以上低い数値であり、漢字の使用量は雑誌で相対的に少ないことがわかる。ひらがなは新聞と雑誌でほぼ同じだが、カタカナは雑誌で10ポイント近く高い。これからカタカナ語は雑誌に多く出現することが見てとれる。

◇ 2.4　カバー率 ◇

図2.3に1993新聞における漢字の累積使用率、いわゆるカバー率を示す。図の横軸は使用頻度の高い順に排列した漢字の順位を、縦軸はその漢字までの使用率を累積したものである。漢字使用頻度の上位500字でカバー率が80%を占め、上

位1,000字でおよそ95％、上位1,600字で全体のほぼ99％に達し、残りの約3,000字は1％程度に過ぎないことが明らかになった（野崎ほか (1996)）。少数の高頻度漢字が集中的に使用される一方で、ほとんど使用されない低頻度漢字が多数存在することがわかる。

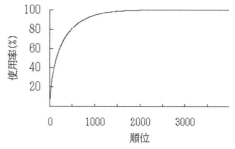

図2.3 新聞における漢字のカバー率（累積使用率）

◇ 2.5 文字表記に関する人間心理 ◇

ここまでは、文字環境（図2.2）のうち、雑誌や新聞など資料を分析することによって、直接目に見えるモノとしての物的文字環境の実態を探った研究を紹介した。ここからは、文字環境のなかで直接目に見えない領域である「文字表記に関する人間心理の仕組み・メカニズム」にアプローチした研究を見ていこう。

日本語の漢字には異体字の豊富なバリエーションが存在する。異体字とは「桧－檜」のように、読みと意味は同じで字体だけが異なる文字の集合を指す。異体字のバリエーション（変異）の豊富さは現代日本の文字生活になんらかの影響をもたらしていると推測される。

以下、PC、携帯電話、スマートフォン、タブレット端末などを使って一般の人が文章を書いているとき、変換候補として「桧－檜」などの異体字ペアが示されると、どちらの字体を選ぶかを調べた研究を紹介する。

2.5.1 ネットによる調査

ここでは2006年春に実施したネット調査（Web調査）の方法と結果を紹介する。調査の目的は、字体の好みに関するデータを収集することであった。調査対象者に対する説明は次のようなものであった。

> この調査は、漢字の使われ方を調べるものです。これから、字の形は違いますが、読みと意味がまったく同じ漢字のペアをお見せします。たとえば、「亜－亞」は、同じ読みで同じ意味の漢字のペアです。もし、あなたがワープロを打っているとしたら、どちらの字を使いたいか、教え

てください。二つの漢字をよく見て、使いたいと感じる程度を比較し、より使いたいと思う方の字を選んでください。両方とも使いたい、あるいは両方とも使いたくないと感じるペアがあるかも知れませんが、とにかく、どちらか一方の字だけを選択してください。判断は、あまり深刻に悩まずに、直観的に行ってください。

調査対象者の人数は、20歳代100名、30歳代100名、40歳代100名、50歳代89名の計389名であった。調査対象者は全員が日本語を母語とする女性であった。

異体字ペアは、調査対象者ごとに新旧字体の左右位置を入れ替えて画面に表示した。文字化けを防ぐため、文字の画像ファイルを使用した。Web画面での表示例を図2.4に示す。

図2.4 「会-會」「桧-檜」のweb画面での表示

2.5.2 調査の結果

「会-會」ペアの結果を図2.5に示す。どの年代でも「会」がほぼ100%選択された。図2.6に「桧-檜」ペアの結果を示す。選択傾向に年代差が見られ、若年層ほど旧字体を好むことが明らかになった。図2.5と図2.6を比較すると、20歳代でもっとも差が大きくなっていることがわかる。「会」を選んだ人は96%（「會」は4%）であったが、「桧」を選んだ人は33%（「檜」は67%）であった。

2.5.3 調査からわかること

「桧-檜」ペアの差異は「木」を除いた「会-會」である。よって、「会-會」ペアのデータから「桧-檜」ペアの選択傾向を予測できると考えても不自然ではないだろう。しかし、結果はその予測を支持しない。若年層では、すべての年代

で圧倒的に支持されている「会」を含む「桧」ではなく、人気がない「會」を含む「檜」の方が好まれる。

　このデータから、文字表記の選択判断は、部分要素という単位の足し算によって決定されるわけではない場合もあることがわかる。人間の文字認知は、文字全体のまとまり・カタマリから意味や音(読み)の情報をつかまえようとしているようである。このような全体性を心理学では「ゲシュタルト」と言う。

　図 2.5 に示すように、「会－會」ペアについてはすべての年代で「会」がほぼ 100％選択された。その原因として「会」が常用漢字であることが考えられる。常用漢字は日本社会の社会規範になってお

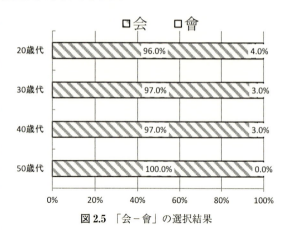

図 2.5 「会－會」の選択結果

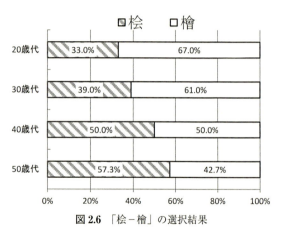

図 2.6 「桧－檜」の選択結果

り、日本人がそれに接触する頻度は高いと考えられる。一方、「桧」は常用漢字ではない。図 2.6 で明らかなように、「桧－檜」ペアの選択傾向には年齢差がある。年齢差が生じる理由については、現在のところ明確な説明が存在しない。今後の研究を待つ必要がある。

◇ 2.6　ま　と　め ◇

　新聞や雑誌といったマスメディアは、多数の一般人に「読まれる」ものである。マスメディアで「書く」のは、記者やジャーナリストなどごく少数の人々であった。しかし、日本社会における文字生活の実態を、より鮮明かつ立体的にとらえるには、多数の一般人がプライベートで書くことについて検討する必要がある。

そのために、携帯メール、ブログ、ツイッターのほか、紙に書かれた日記や手紙などを収集するという方法が考えられる。

ただし、一般人がプライベートで書いた資料には、いつもプライバシー保護や著作権という問題がつきまとう。プライベートな文書を多人数から提供してもらうのはきわめて難しい。また、たとえ、その種の文書を大量に手に入れることができたとしても、それらは社会的望ましさなどが暗黙のうちに投影された、かなりのバイアスを含んだ資料である可能性が高い。文字表記のデータを扱うときは、以上のようなことも頭の片隅に置きながら分析・考察するのが望ましい。

■ 練習問題

2.1 表2.2の新聞と雑誌の文字種別含有率のデータを、図2.1のような帯グラフにしてみよう。Excelなどの表計算ソフトでも帯グラフを描くことができる。

2.2 新聞で使用頻度が高い上位250字で、新聞に登場する漢字全体のどのくらいをカバーするだろうか。図2.3の新聞における漢字のカバー率のグラフから読み取ってみよう。

2.3 図2.6にある「桧－檜」の選択結果のデータから、60歳代や70歳代の結果を予想し、その理由も説明してみよう。

■ 参考文献

柏野和佳子（2007）「漢字の使用は，以前と比較して減っているのでしょうか。」国立国語研究所編『文字と社会』ぎょうせい pp.69-71

国立国語研究所（1963）『国立国語研究所報告22 現代雑誌九十種の用字用語 漢字表』秀英出版

国立国語研究所（1966）『国立国語研究所報告29 戦後の国民各層の文字生活』秀英出版

国立国語研究所（1976）『国立国語研究所報告56 現代新聞の漢字』秀英出版

国立国語研究所（2002）『国立国語研究所報告119 現代雑誌の漢字調査』国立国語研究所

国際交流基金（2013）『海外の日本語教育の現状 2012年度日本語教育機関調査より』くろしお出版

野崎浩成・横山詔一・磯本征雄・米田純子（1996）「文字使用に関する計量的研究―日本語教育支援の観点から―」『日本教育工学雑誌』20巻3号 pp.141-149

笹原宏之・横山詔一・エリク＝ロング（2003）『現代日本の異体字：漢字環境学序説』 三省堂

豊島正之（1999）「書評 横山詔一・笹原宏之・野崎浩成・エリク＝ロング〔編著〕『新聞電子メディアの漢字―朝日新聞CD-ROMによる漢字頻度表―』国立国語研究所プロジェクト選書1」『日本語科学』6号 pp.91-102

横山詔一（2006）「異体字選好における単純接触効果と一般対応法則の関係」『計量国語学』、25巻5号 pp.199-214

横山詔一・笹原宏之・野崎浩成・エリク＝ロング編著（1998）『新聞電子メディアの漢字―朝日新聞CD-ROMによる漢字頻度表―』 三省堂

安本美典（1963）「漢字の将来」『言語生活』137号 pp.46-54

第3章 語　　彙　　　　　　　山崎　誠

日本語にはどんな言葉が多いの？

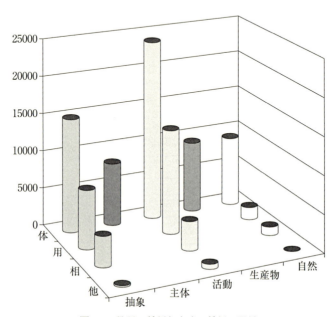

図 3.1　品詞の種類と意味の種類の関係

　図3.1は『分類語彙表増補改訂版データベース』に収められた語がどの意味分野に属しているかを語数で示したものである。
　縦方向の軸は「体の類」「用の類」「相の類」「その他」という大まかな品詞に対応したもので、横方向の軸は「抽象的関係」「人間活動の主体」「人間活動−精神および行為」「生産物および用具」「（自然物および）自然現象」という、意味に対応したものである。この組み合わせにより、日本語の語彙をマクロな観点で眺めることができる。また、個々のテキストについて上のような分布を調べることにより、そのテキストの意味的な特徴が浮かび上がってくる。

◇ 3.1　計量語彙論 ◇

3.1.1　計量語彙論の基礎

「語彙」とは語を要素とする集合を指す。この考え方を取り入れることにより、語彙に関するさまざまな取り扱いを厳密に規定することができる。語彙は音韻や文法と違い、扱う要素の数が桁違いに多いことが特徴である。仮に、現代日本語の語彙を小型国語辞典でとらえようとすると、5万〜8万語程度の収録語を対象にしなければならない。水谷（1983）は、このような語彙の全体を見渡すために、「集団的特性を簡潔に記述」できる統計的手法の導入がうながされたと述べている。日本では、1948年に設立された国立国語研究所において語彙調査に代表される語彙の計量的研究、すなわち計量語彙論が築かれ、精力的に進められてきた。

ここでは、計量語彙論にとって重要な概念を説明する。まず、語彙の要素である語の数を把握することから出発する。たとえば、あるテキストを対象として、そこに出現する語の数を数える場合、語が出現するたびに1つずつ加算していく方法と同じ語が出現した場合には加算しない方法とがある。前者の方法により求められる値を延べ語数（running words）、後者の方法により求められる値を異なり語数（different words）という。これらは数える水準の違いであり、同列に扱うことはできない。したがって、延べ語数と異なり語数を足すというようなことは言語学的には意味がない。なお、「延べ語」「異なり語」という言い方を見かけることがあるが、計量語彙論的には間違いである。

以下に延べ語数、異なり語数を得るための考え方を記す。3.6節で紹介するツール「ChaKi.Net」などを使えば延べ語数、異なり語数はほぼ自動的に取得することができるが、語数を得る過程を理解しておくことは大切である。

まず、テキストを構成する文字列を一定の規則に従って、もれなく、かつ、重複のないように単位語（token）に分割する。同じ文字列を2度数えたり、数えない文字列があったりしてはならない。単位語の数の総計がそのテキストの延べ語数になる。本節では単位語を表すのに（　）で示す。

次に、切り出された各単位語に対して、見出しに相当する情報を与える。この情報を見出し語（type, lemma）という。見出し語は辞書の見出し語と同じような役割を果たす。単位語の段階では、テキストに出現したままの形（出現形）であるが、見出し語は活用の違い、表記や語形のゆれを捨象した形であることが大きな違いである。見出し語の与え方もあらかじめ決めた規則に従うが、大原則とし

第3章 語彙──日本語にはどんな言葉が多いの？

見出し語 ……………………………………… ／ニホン／

単位語集合（見出し集合）　（日本）（日本）（日本）（にほん）（にっぽん）（ニホン）（ニッポン）（NIHON）（NIPPON）

図 3.2　単位語と見出し語との関係

て、同じ語と見なした単位語には同一の見出し語を与える。ここでは見出し語を／／で示す。このようにして、見出し語のもとに集められた単位語の集合を単位語集合、あるいは、見出し集合という。単位語集合における要素の数、すなわち、単位語の数がその見出し語の使用度数（使用頻度）(frequency) になる。以上の関係を図 3.2 に示す。図 3.2 では、（日本）という単位語がテキストに 3 回現れたことを示す。

上記の手順を経て、テキストは「単位語集合の集合」として表すことができる。この場合の単位語集合の数がそのテキストの異なり語数である。一方、見出し語のレベルでは、テキストは単位語集合に付与された見出し語の集合というとらえ方もできる。この場合の集合をそのテキストの見出し語集合、あるいは、語彙（vocabulary）という。見出し語集合における要素の数、すなわち、見出し語の数が語彙量になる。語彙量と異なり語数とは数値としては同じであるが、数える観点が異なる。異なり語数は単位語集合の数、語彙量は（単位語集合に与えられた）見出し語の数として算出される。単位語と見出し語の関係については、計量国語学会（2009）および伊藤（2002）も参照されたい。

日本語では分かち書きの習慣がないので、テキストを一定の言語単位に切り分けるための規則が必要になる。国立国語研究所の語彙調査では何種類もの単位が提案されてきた。近年、日本語コーパスで用いられる言語単位として短単位と長単位がある。テキストの短単位への分割とそれに対する見出し語の付与は、ツールを使って簡単に行えるようになってきた。ただし、自動解析のため、解析エラーが含まれる。分析にあたってはその点を考慮する必要がある。

3.1.2　計量語彙論の指標

延べ語数と異なり語数を使った計量語彙論の指標としてよく使われているものに TTR（Type/Token Ratio の略。タイプ・トークン比とも）がある。TTR は異なり語数を延べ語数で割った値で、語彙の多様性を表す値として言語学や言語教

表 3.1 語数とタイプ・トークン比（金 (2009)）

	N	V	V/N
安倍	4,343	1,221	0.2811
福田	3,423	928	0.2711

N：延べ語数、V：異なり語数

育で利用されている。金 (2009) では、2人の総理大臣の演説におけるTTRの値を比べて語彙の多様性を比較している（表3.1）。

TTRは、一般的に延べ語数が増えるほどその値が低くなるという傾向があるため、サイズの異なるデータ間の比較に難がある。そこで、安定した値となるような工夫を施した測定法がいくつか提案されている。簡単なものとしては、テキストを適当な区間に区切り、TTRを算出して平均をとる方法がある。この方法により延べ語数が異なるデータを比較することができる。そのほか、延べ語数と異なり語数を使った指標が金 (2009)、石川 (2012) に紹介されている。

TTRの逆数である値、延べ語数を異なり語数で割った値が利用される場合もある。この値は1見出し語当たりの平均使用頻度を表し、たとえば、歌謡曲における繰り返しの多さを直観的に把握することができる指標となっている（水谷 (1983)）。

2つの語彙がどれくらい似ているかを測定する指標として、語彙の類似度があり、宮島のC（宮島 (1970)）と水谷のD（水谷 (1980)）と呼ばれる指標がよく使われる。

◇ 3.2　語彙量の実態 ◇

3.2.1　語彙表の見方

語彙を概観するうえで、まず語彙表の形に整理することが一般的な手続きである。語彙表は五十音順語彙表、度数順（頻度順、使用率順）語彙表、品詞別語彙表など目的に応じて作成されるが、大元になるデータを作っておけばいずれもそれから作成することができる。表3.2は日本国憲法を「Web茶まめ」で解析した結果から作成した度数順語彙表（上位10語）である。上位語には機能語や和語が多いこと、また、上位10語での累積使用率が約35%であることなどがわかる。累積使用率の値はカバー率（第2章参照）ともいい、見出し語の度数の合計がテキスト全体の延べ語数に占める割合を見る指標になる。外国語学習などでは合計何語覚えればテキストの何パーセントが理解できるかといった目安として使われる。

表3.2の順位は、通常、度数の多いほうから1位、2位と付与していくが、度数が同じ語が複数あった場合に、順位の付け方が複数ある（計量国語学会 (2009)）。

第3章 語彙──日本語にはどんな言葉が多いの?

表 3.2 「日本国憲法」の度数順語彙表（短単位）（延べ＝5929語）

順位	語彙素	品詞	語種	頻度	累積度数	使用率	累積使用率
1	の	格助詞	和	397	397	0.067	0.067
2	を	格助詞	和	308	705	0.052	0.119
3	は	係助詞	和	289	994	0.049	0.168
4	為る	動詞	和	271	1,265	0.046	0.213
5	に	格助詞	和	253	1,518	0.043	0.256
6	ない	助動詞	和	122	1,640	0.021	0.277
7	第	接頭辞	漢	119	1,759	0.020	0.297
8	て	接続助詞	和	112	1,871	0.019	0.316
9	条	名詞	漢	104	1,975	0.018	0.333
10	其の	連体詞	和	88	2,063	0.015	0.348

　どの方式を使うかは目的によるが、同じ度数の語に異なる順位を与えるような方法は妥当性を欠く。ここでは、度数が同じ見出し語の場合、その前後の順位を足して2で割る方式を採用している。

　図3.3は、「日本国憲法」のデータを使って、順位と度数の関係を表したものである。上位の少数の語の度数が大きく、そこから急激に度数が下がり、以降度数がゆるやかに下がっていくことが見て取れる。図3.4は図3.3と似た形のグラフであるが、x軸に度数を、y軸にその度数を持つ語の異なりの数を示している。たとえば、度数1の語は366語あり、度数2の語は152語あったという具合である。図3.3、3.4のような分布は多くのテキストで見られる関係で、

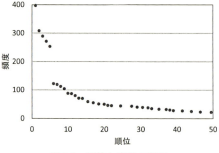

図 3.3 順位と度数の関係

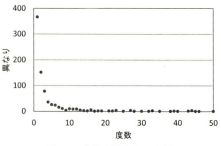

図 3.4 度数と異なりの関係

表 3.3　ジャンルごとの語種分布（延べ）

	和語	漢語	外来語	混種語	人名	地名	総語数
総合・文芸	45.7	40.6	5.5	1.7	4.2	2.3	126,156
女性・服飾	42.5	39.1	11.2	2.3	2.6	2.3	139,494
実用	35.4	50.8	8.6	2.1	1.6	1.5	86,104
趣味・娯楽	24.2	53.1	14.7	2.0	2.8	3.2	289,911
芸術・科学	31.0	43.4	13.0	1.6	8.7	2.3	96,566

表 3.4　ジャンルごとの語種分布（異なり）

語種	和語	漢語	外来語	混種語	人名	地名	総語数
総合・文芸	25.8	38.6	13.8	3.3	14.3	4.2	21,505
女性・服飾	27.1	29.7	23.4	4.6	11.1	4.1	19,862
実用	27.6	39.6	18.3	4.1	7.1	3.3	13,373
趣味・娯楽	19.2	26.5	27.6	4.4	14.0	8.4	30,180
芸術・科学	21.4	29.2	19.6	2.6	23.1	4.0	18,658

テキストの一般的な特性と考えられている。とくに順位と度数の関係はジップの法則と呼ばれ、多くの研究が行われている。

3.2.2　ジャンルと語彙

　国立国語研究所が実施した現代雑誌 70 誌の語彙調査の結果を使ってジャンルと語彙の関係を見てみよう。この調査は 1994 年の雑誌を対象として行われたものである。表 3.3、3.4 に、この調査で設定した 5 つの雑誌のジャンル「総合・文芸」「女性・服飾」「実用」「趣味・娯楽」「芸術・科学」別に語種の割合を示した。表中の「総語数」は各ジャンルの延べ語数および異なり語数である。なお、雑誌 90 種調査との比較のため、人名・地名は別扱いにするという集計をしている。表 3.3、3.4 からは、ジャンルにより語種の割合に差があることがわかる。とくに延べ、異なりともに「趣味・娯楽」で外来語の割合が高くなっている。この分野にはスポーツや自動車関係の雑誌が多く含まれており、それが外来語の使用の相対的増加につながったと推測される。また、延べ、異なりともに「芸術・科学」で人名の割合が高くなっている。その理由としては音楽雑誌における歌手名・演奏者名などの影響が考えられる。

◇ 3.3 意味分野と語彙 ◇

語彙は品詞や語種などの分類によってその構造が記述されるが、それらは言語の意味的な面にはほとんどかかわらない。それに対して意味分野による分類は直接意味を扱うため、テキストの内容を比較するのに好都合である。しかし、意味を扱う際には曖昧さをできるだけ排除することが重要である。そのため、『分類語彙表』などの既存のシソーラスの利用が一般的になっている。

阪倉（1960）では、万葉集と古今和歌集の語彙を比較して、万葉集は具体的、古今和歌集は抽象的であると、それぞれの特徴を明らかにしている（図3.5）。

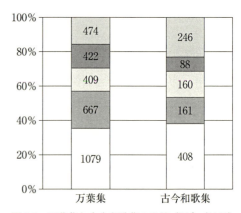

図 3.5 万葉集と古今和歌集の比較（阪倉（1960）による）
□抽象、■主体、□人間活動、■生産物、□自然

◇ 3.4 基本語彙と特徴語 ◇

基本語彙は、語彙を構造的に捉える観点として重要であるばかりでなく、言語習得にとって実用的な意味を持つ。真田（1977）は、基本語彙は言語の使用実態に即した客観的な

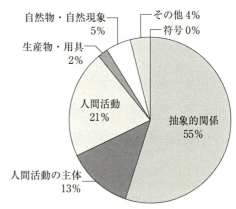

図 3.6 基本語上位700種の意味分野（水谷（1964）による）

側面と、ある目的への応用性を含んだ価値観を含んだ側面があると述べている。語彙調査から頻度と範囲によって導き出される語彙は前者、教育基本語彙という場合は後者が当てはまる。

雑誌の語彙の計量的調査の結果から基本語彙を抽出する試みが水谷（1964）で行われている。そこでは、使用率と散らばり度の2つを用いて語の基本度を計算し、1220語の基本語彙を明らかにしている。このうち上位700語については分類語彙表により意味分類が施されている。その内訳を図3.6に示す。図からは抽象

表 3.5 雑誌 70 誌データにおける各ジャンルの割合（延べ語数）

ジャンル	頻度	割合
総合・文芸	126,166	0.171
女性・服飾	139,552	0.189
実用	86,114	0.117
趣味・娯楽	289,991	0.393
芸術・科学	96,584	0.131
合計	738,377	1.0

表 3.6 見出し語「フランス」の特化係数

ジャンル	延べ語数	割合	全体の割合（期待値）	特化係数
総合・文芸	23	0.172	0.171	1.005
女性・服飾	53	0.396	0.189	2.093
実用	6	0.045	0.117	0.384
趣味・娯楽	31	0.231	0.393	0.589
芸術・科学	21	0.157	0.131	1.198
合計	134	1.0	1.0	

的関係が半分以上を占め、具体物や自然に関する語が少ないことがわかる。抽象的関係が多い理由は全体の約 1 割を占める数量を表す語（数詞や助数詞）がここに所属するためである。

一方、特徴語は少なくとも 2 つ以上の語彙がないと決めることができない。ある語彙において特徴語であるということは、別の語彙と比較しないとわからないからである。特徴語を簡便に見分ける手法として、特化係数を紹介する。特化係数とは全体の中の部分について、その部分が全体の分布とどれくらい違っているかを測る指標であり、産業統計などでよく使われる。

現代雑誌 70 誌の語彙表データを使って、特化係数を見てみよう。まず、全体の延べ語数と各ジャンルにおける割合は表 3.5 のようになっている。

語彙表で国名の「フランス」を見てみると、表 3.6 のような値になる。「フランス」は、「女性・服飾」の分野に 53 回出現しているが、この値は総度数 134 に対して 0.396 の割合になる。この 0.396 を語彙表全体における比率 0.189 で割ると特化係数 2.093 が出る。一般に特化係数が 1.5 以上の場合は、プラスの方向に特徴的であると判断してよい。「フランス」が「女性・服飾」に多いのは料理の話題がこの分野によく出てきたためである。同様に、主な国名の特化係数を調査したもの

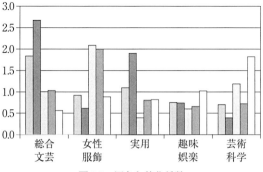

図 3.7 国名と特化係数
□アメリカ、■中国、□フランス、■イタリア、□ドイツ

が図 3.7 である。「総合・文芸」には、「アメリカ」「中国」が多く、「女性・服飾」には「フランス・イタリア」が多いことなどがわかる。

◇ 3.5 語彙の変化 ◇

3.5.1 語種の変化

語彙を構成する語の変化は語彙の変化につながる。明治期以降、日本語には欧米からの外来語が流入した。とくに第二次世界大戦後は英語からの外来語が大量に入ってきており、その傾向は現在でも続いている。図 3.8 は、1956 年の雑誌を対象とした語彙調査の結果と 1994 年の雑誌を対象とした語彙調査の結果を比較したものである。この 2 つの語彙調査は調査方法がほぼ同じため、比較可能なデータとなっている。なお、図 3.8 は異なり語数での比較で、助詞・助動詞、固有名詞は含まれていない。この図からは外来語が約 20 ポイント増えていることがわかり、20 世紀後半において雑誌での外来語使用がいちじるしく増加したことを表している。

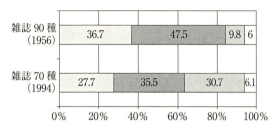

図 3.8 雑誌における語種の変化（計量国語学会（2009））
□和語、■漢語、■外来語、□混種語

3.5.2 語の新旧

国立国語研究所（1987）は、1906 年から 1976 年までの雑誌「中央公論」を 10 年おきに 1 万語を抜き出して調査したものである。それによると、1906 年～1936 年のすべての年に出現して、かつ、1946 年～1976 年に一度も出て来ない語、その逆で、1906 年～1936 年には一度も出現しないが、1946 年～1976 年のどの調査年にも出現する語としてそれぞれ以下のようなものがあがっている。

① 1906 年～1936 年だけに出現
   あたう（能）、あやまる（誤）、あるじ、いわんや、うしろ、かくれる、傷つける、きたす、句、ことがら、終始、しのぶ、事務、進化、新聞紙、すこぶる、大分、当人、なかんずく、葉、宿、よし（＝もし）

② 1946 年～1976 年だけに出現
   ありかた、インドネシア、英語、帰国、急速、こえる（越）、座、主体性、

率直、代表、中国、つごう、適応する、徹底する、動向、特徴、ぴったり、米軍、魅力、幼稚園、予定、枠

この調査には、石井・入江（2015）による追加調査があり、そのデータを使うと、2006年までの100年間の分析が可能になる。

◇ 3.6 語彙研究に役立つ言語資料 ◇

ここでは主にウェブで無償公開されているデータやツールを紹介する。使用法については各サイトの解説などを参照されたい。

〔データ〕
① 『現代日本語書き言葉均衡コーパス』語彙表（http://pj.ninjal.ac.jp/corpus_center/bccwj/freq-list.html）
② 中学校・高校教科書の語彙調査の語彙表
③ 現代雑誌九十種の用語用字全語彙・表記
④ テレビ放送の語彙調査の語彙表
⑤ 現代雑誌200万字言語調査語彙表
⑥ 分類語彙表増補改訂版データベース

上記②～⑥はいずれも国立国語研究所コーパス開発センターの語彙調査データのページで公開されている（http://pj.ninjal.ac.jp/corpus_center/archive.html）。

〔ツール〕
① Web茶まめ（うぇぶちゃまめ）
Web上で形態素解析（短単位）を自動的に行う。
https://ja.osdn.net/projects/chaki/downloads/69253/ChaMameSetup.msi
② UniDic（ゆにでぃっく）　形態素解析を行うに際して利用する辞書データ（短単位）（http://pj.ninjal.ac.jp/corpus_center/unidic/）。
③ MeCab（和布蕪）（めかぶ）　形態素解析ツール。解析用の辞書データとともに利用する（http://taku910.github.io/mecab/）。
④ ChaKi.Net（ちゃきどっとねっと）　形態素解析から語彙表作成、コロケーションなど多種の分析を行う（https://osdn.jp/projects/chaki/）。
⑤ KH Coder（けーえいちこーだー）　さまざまなテキスト解析を行うツール（http://khc.sourceforge.net/）。

第 3 章　語彙──日本語にはどんな言葉が多いの？

■ 練 習 問 題

3.1　表 3.3 と 3.4 から、和語・漢語は延べ語数よりも異なり語数の割合が小さくなるのに対して、外来語はその逆の傾向があることがわかる。その理由を考えてみよう。

3.2　「現代日本語書き言葉均衡コーパス」の語種構成表のファイルをダウンロードし、異なるレジスター（ジャンル）の語種構成比のグラフを書き、その違いについて考えてみよう。

3.3　「青空文庫」から短めの作品を 1 つ選び、「Web 茶まめ」で形態素解析を行い、その結果をエクセルで読み込んでみよう。さらにピボットテーブルを利用して語彙表を作成してみよう。

■ 参 考 文 献

石井久雄・入江さやか（2015）『『中央公論』101 年間語彙表』（『同志社日本語研究　別刊』2 号）
石川慎一郎（2012）『ベーシックコーパス言語学』ひつじ書房
伊藤雅光（2002）『計量言語学入門』大修館書店
金明哲（2009）『テキストデータの統計科学入門』岩波書店
計量国語学会（2009）『計量国語学事典』朝倉書店
国立国語研究所（1987）『雑誌用語の変遷』秀英出版
阪倉篤義（1960）「萬葉語彙の構造─（その一）名詞について─」『萬葉』34 巻 1 号　pp.75-85
真田信治（1977）「基本語彙・基礎語彙」『岩波講座日本語 9　語彙と意味』岩波書店　pp.87-132
田中章夫（1978）『国語語彙論』明治書院
水谷静夫（1964）「語の基本度」『現代雑誌九十種の用字用語 第三分冊 分析』秀英出版　pp.7-51
水谷静夫（1980）「用語類似度による歌謡曲仕分『湯の町エレジー』『上海帰りのリル』及びその周辺」『計量国語学』12 巻 4 号　pp.145-161
水谷静夫（1983）『朝倉日本語新講座 2 語彙』朝倉書店
宮島達夫（1970）「語彙の類似度」『国語学』82 号　pp.42-64

第4章 文法・意味

丸山直子

文法現象をデータで見るってどういうこと？

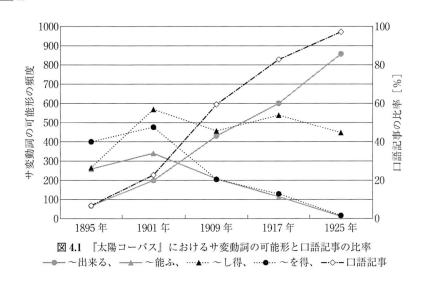

図 4.1 『太陽コーパス』におけるサ変動詞の可能形と口語記事の比率
―●―〜出来る、―▲―〜能ふ、……▲……〜し得、……●……〜を得、―◇―口語記事

　図 4.1 は、1895 年（明治 28 年）から 1925 年（大正 14 年）までの間に、サ変動詞の可能形がどのように変化してきたかを示したものである（小木曽（2005）に基づく）。雑誌『太陽』を調査したもので、文語記事から口語記事への変化とともに、「想像するを得ず」「想像すること能はず」のような表現から「想像できない」へと変化してきた様子がわかる。（計量国語学会編（2009）p.344 より。）

◇ 4.1 「文法」とは？ ◇

　小学校・中学校・高等学校の国語の授業で扱う文法は、一般に「学校文法」と呼ばれている。これは、橋本進吉の文法理論をもとにしたものである。一方、日本語教育（日本語非母語話者対象）の分野で教えられている文法は、学校文法の体系とはかなり異なるものである。また、コンピュータによる日本語処理の分野でも、独自の文法理論が考えられてきた。学校文法は、基本的に古語と同じ枠組みで現代語を扱うが、日本語は変化してきている。データを見ることで、日本語

第4章 文法・意味——文法現象をデータで見るってどういうこと？

の変化やバラエティを把握することができる。「文法」とは、文の構造について考える分野である。語のレベルを越えて、文の成分同士がどのようなかかわりを持っているかを考える。語と語のつながり（コロケーション）も文法で扱う事項となる。

ここでは、データで把握できる事柄として、4.2節で時代による変遷・同時代の使用のゆれ（形・意味がどのように変化してきたかを中心に、同時代におけるバラエティも含めて考える）、4.3節で分野・使用者による相違（レジスター・文体・使用者により、形・意味の異なりがあるかについて観察する）について見たうえで、4.4節で文法現象を数値化する意味について考える。

◇ 4.2 時代による変遷、同時代の使用のゆれ ◇

日本語は、古語から現代語に移行するなかでさまざまに変化してきたが、比較的新しい時代においても変化が見られる。また、同時代においても、複数の表現が使われる「ゆれ」と呼ばれる現象がある。ここでは、語のレベルのものでなく、語のつながり（表現）のレベルで変遷・ゆれのあるものについて見てゆく。冒頭の図で示したように、明治以降、文語体から口語体になるに従って、表現が変化してきた。太陽コーパス（明治時代に広く読まれた雑誌『太陽』をコーパス化したもの。http://pj.ninjal.ac.jp/corpus_center/cmj/taiyou/）は、この時期の表現の変化を見るのによいコーパスである（国立国語研究所編（2005））。そのほか、戦後すぐからの表現の変遷を見ることのできる国会会議録（http://kokkai.ndl.go.jp/）をもとにした研究も多く見られる（松田謙二郎編（2008））。

時代による変遷、同時代の使用のゆれが見られるものとして、動詞の可能形、形容動詞の連体修飾形、副詞の呼応などを取り上げる。

4.2.1 動詞の可能形

動詞の可能形は、時代とともに変わってきた。サ変動詞は、冒頭の図に示した通り、文語体から口語体に移行するに伴って、可能の形を変化させてきた。太陽コーパスの調査によって、サ変動詞につく形が、「を得る」や「能ふ」から、「〜できる」に変化してきたことが、はっきりデータとして示された。「〜し得る」は時代を通して使われている（小木曽（2005））。

五段活用動詞については、レル形（「行かれる」など）から可能動詞（「行ける」など）へと変遷してきた。

一段活用動詞については、ら抜き言葉（「起きれる」など）の増加がよく指摘されるが、文化庁による「国語に関する世論調査」（文化庁が国語施策の参考とするため、平成7年（1995年）度から毎年実施している世論調査）でも継続的に調査されている。

4.2.2　形容動詞の連体修飾形

品詞のなかで最も議論があるのは「形容動詞」である。日本語教育の分野では、いわゆる形容詞を「イ形容詞」と呼び、形容動詞は「ナ形容詞」と呼ぶ（最近は「形容動詞」のことを「形状詞」と呼ぶ場合もある）。体言を修飾するときに「～な」の形をとるので「ナ形容詞」と呼ばれるわけだが、「明確の」のように、もともと「の」を取る形であったものも少なくない。このことについて、いくつかの調査が存在する。

全体として、「の」から「な」への変遷が見られると同時に、前後に来る言葉によって、どちらが使われやすいかの傾向が見られる。

田野村（2002）は、「有名」は「有名な」なのに「無名」は「無名の」が一般的であることに着目し、朝日新聞記事のデータベースを資料として調査した。「有○」の多くが、「な」をとるグループと「の」をとるグループに明瞭に二分されていることを示した。「「な」類の形容動詞は程度の大小を問題とすることのできる属性を表すのに対し、「の」類の形容動詞はそうであるかないかとしかいえない択一的な属性を表す」と分析している。前者には「有名な」「有効な」などが属し、後者には「有罪の」「有料の」などが属する。荻野（2006）は、それを受けてWWWを対象に、より大規模な調査を行い、かつ、実際に程度副詞とともに使用されているか否かを調べることで田野村氏の説を検証した。ほぼ、田野村氏の結果を支持する結果を得ている。

「～的」に関しては、現在ほとんど「～的な」の形で用いられるが、1940年代においては「事務的」の場合、「事務的の」対「事務的な」が1対3の割合であったことが、田野村（2008）の国会会議録の調査で明らかにされている。「事務的」「国家的」「財政的」などが「の」を取りやすかった（図4.2）。服部（2011）では更に、同じ国会会議録において話者の生年を調査し、生年が1920年以降の場合、「的な」が100％になることを示した。

第4章 文法・意味——文法現象をデータで見るってどういうこと？

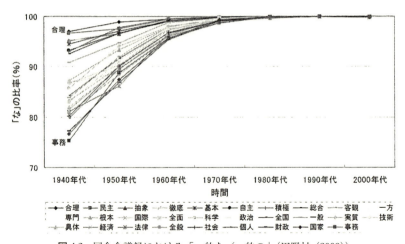

図 4.2　国会会議録における「〜的な／〜的の」（田野村（2008））
10 年単位のいずれの年代においても両形の用例数の合計が 500 件以上あるもののみを示した。

4.2.3　副詞の呼応

　陳述副詞は文末辞との呼応が見られるが、副詞によっては、程度副詞が陳述副詞化したり、陳述副詞が程度副詞化したりする。

　「とても」について、中尾（2005）には、太陽コーパスをもとに、陳述副詞から程度副詞への変遷を調べた結果が報告されている。「これ以上はとても食べられない」のように否定辞と呼応する陳述副詞だった「とても」が、「この映画はとても面白い」のように「非常に」とほぼ同じ意味の程度副詞として使われるようになる、その過程を太陽コーパスに見ることができる。1895 年には程度副詞化がすでに始まっており、次第に程度副詞の用法を拡大していく。1925 年には程度副詞としての用法が多くなる。坪内逍遥や芥川龍之介が程度強調の用法を指摘したころと時期が一致している。計量国語学会編（2009）の pp.188-189 にも、「とても」「全然」その他の副詞について、計量的研究が紹介されている。「全然」は、漢語として日本語に入ってきた当初は肯定表現とも呼応していたが、その後、否定表現との呼応が強まった。否定表現との呼応が定着した後、1940 年代後半以降、ふたたび肯定表現と共起する用法が生じている。昨今「全然」＋肯定形（「全然楽しい」など）は若年層において、好ましい状態を述べる性質が強いことが指摘されている。

4.2.4 その他

その他、「人がある」から「人がいる」への変遷、漢語動詞のヲ格・ニ格の変遷（「に信頼する」から「を信頼する」など）、さ入れ言葉（「終わらせていただきます」の代わりに「終わら_さ_せていただきます」を使用する）、れ足す言葉（「行ける」に代わって「行け_れ_る」を使用する）などの報告がある。時代とともにことばが変わるのは必然であるが、それが実際にどのように変化してきているのか、データを通じて知ることができる。

◇ 4.3　分野による相違、使用者による相違 ◇

分野（レジスター）によって使われる表現が異なるかどうか、使用者による相違があるかどうかについて、尊敬待遇表現と助詞に関する研究を紹介する。

4.3.1　分野による相違——尊敬待遇表現

近藤（2005）では、太陽コーパスにおける尊敬待遇表現「お〜になる」「お〜なさる」「〜なさる」「お〜くださる」「〜てくださる」「お〜あそばさる」「〜あそばさる」「お‐あそばす」「〜あそばす」の使用について、時代だけでなく、文章の種類も関わることを指摘し、表4.1のようにまとめている。通時的変化が見られ

表4.1　尊敬待遇表現の各形式の特徴（近藤（2005））

		和語／漢語	話し言葉的／書き言葉的	公的／私的	男性語的／女性語的
御〜になる	変化前	漢語	（不明）	公的	男性
	変化後	和語		（不明）	女性
御〜なさる	変化前	和語	話し言葉	私的	女性
	変化後	漢語			男性
〜なさる		（不明）	話し言葉	私的	男性
御〜くださる		漢語	**書き言葉**	（不明）	男性
〜してくださる	変化前	和語	話し言葉	私的	（不明）
	変化後		書き言葉		
御〜あそばさる		**漢語**	**書き言葉**	公的	女性
〜あそばさる		**漢語**	**書き言葉**	公的	（不明）
御〜あそばす		（不明）	話し言葉	私的	女性
あそばす		**漢語**	話し言葉	私的	**女性**

るところは、「変化前」「変化後」を分けて記し、際立った特徴を示すものを太字で記してある。

「御〜なさる」から「御〜になる」の変遷が見られると同時に、変化後の「御〜なさる」の「〜」はもっぱら漢語名詞に限定され（「ご承知なさるまい」など）、現代語の「御〜なさる」と同じ姿となってくる。「御〜くださる」は漢語表現とともに用いられやすく、際立って男性語的な書き言葉であるという特徴を持つ（「御着用下さる」など）。「御〜あそばさる」「〜あそばさる」は漢語表現とともに用いられやすく、かつきわめて公的な性質を持つ形式であるのに比して、「御〜あそばす」「〜あそばす」は逆に私的で話し言葉的であり、会話で女性語的な性質を強く持つことが明らかになっている。

4.3.2 分野による相違——助詞

宮内（2012）は、『現代日本語書き言葉均衡コーパス（BCCWJ）』（http://pj.ninjal.ac.jp/corpus_center/bccwj/）の接続助詞の分布について述べている。分析の結果、接続助詞群の出現比率はジャンルごとに明らかに異なっており、その異なりはフォーマル、話し言葉的、丁寧など、ジャンルの文体的特徴との関連が認められ、個々の接続助詞が文体に関連する特徴を持つことがわかった。表 4.2 のようにまとめている。

丸山（2015）では、格助詞について、BCCWJ、『日本語話し言葉コーパス（CSJ）』（http://pj.ninjal.ac.jp/corpus_center/csj/）のレジスターごとの違いについて報告した。BCCWJ（調べたのはコア。レジスターは 6 種——新聞・雑誌・書籍・白

表 4.2 接続助詞・ジャンル・文体的特徴の対応（宮内（2012）p.50 表 5）

接続助詞	ジャンル	文体的特徴
けれど・し・なら・たら	書籍 2〈文学〉・知恵袋	フォーマルでない話し言葉的
ものの・つつ	白書	フォーマル
と	白書・新聞・書籍 1〈文学以外〉	書き言葉的
ながら・とも	白書・書籍 2〈文学〉	書き言葉的
から・ので	書籍 1〈文学以外〉・書籍 2〈文学〉・知恵袋	フォーマルでない話し言葉的
ので	知恵袋	丁寧・客観的
が・ば	—	ニュートラル

4.3 分野による相違、使用者による相違

書・ブログ・Yahoo 知恵袋）も CSJ（調べたレジスターは、学会講演と自由会話の2種）も、全語数の約 30％が助詞である。助詞のなかでは格助詞が最も多い。BCCWJ における分布を図4.3 に、CSJ における分布を図4.4 に示した。いずれも長単位の調査結果である。

BCCWJ において、白書と知恵袋は対照的である。格助詞の全体量は白書が最も多く、知恵袋・ブログは少ない。白書に、ノとニ+α（ニを伴う複合辞）が多いのも特徴である。白書はデの代わりに「において」等の複合辞を多く用いているからである。CSJ においては、話者による違いよりも、学会講演か自由会話か

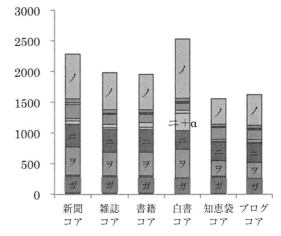

図 4.3　BCCWJ 格助詞の数（長単位、1万語あたりの数）（丸山（2015））
■ノ、■カラ、■ヨリ、■ヘ、■デ、■ト+α、■ニ+α、■ニ、■ヲ、■ガ

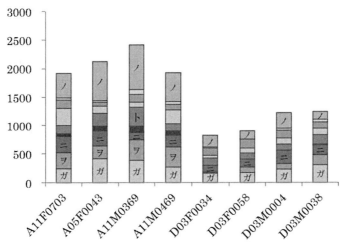

図 4.4　CSJ 講演・会話の格助詞の数（長単位、1万語あたりの数）（丸山（2015））
■ノ、■カラ、■デ、■ト+α、■ト、■ニ+α、■ニ、■ヲ、■ガ。
A は学会講演、D は自由会話。

の違いの方が顕著である。学会講演の方が、格助詞の全体量・ノ・複合辞が多い。CSJ の学会講演と、BCCWJ のかたいタイプの書き言葉（白書・新聞）には類似点が見られる。

　　かたい書き言葉　＞　かたい話し言葉　＞　くだけた書き言葉
　　＞　くだけた話し言葉

という段階がありそうである。

4.3.3　使用者（母語話者か非母語話者（学習者）か）による相違——助詞

　中西（2010）は、日本語学習者・日本語母語話者がとりたて助詞をどう使用しているかという使用実態を明らかにした。学習者コーパスとしては『KY コーパス』（鎌田修・山内博之作成）・『上村コーパス』（上村隆一作成）・『作文コーパス』（国立国語研究所作成）を用い、母語話者コーパスとしては上村コーパス・対談集・新聞等を用いている。たとえば、図 4.5 に示すように、母語話者は「動詞＋だけだ」（「提出するだけだ」など）の使用頻度が高いが、学習者は「名詞＋だけだ」（「ビールだけだ」）の使用頻度が高い。学習者の非用の実態を明らかにすることで、教育の実践に役立てることができる。

　森山（2008）には、母語話者と非母語話者の助詞の使い方が報告されている。母語話者と非母語話者では使用する意味役割の分布が異なる。

　例えば、格助詞ニの場合、非母語話者の分布は図 4.6 であり、母語話者の分布は図 4.7 である（図 4.7 は、対比用に母語話者 10 名のばらつきを見たもので、サンプル数は少ない）。図 4.6 の C は母語が中国語の話者、E は英語、K は韓国語である。1 は初級者、2 は中級、3 は上級、4 は超級の話者である。初級の者は、ほとんど「変化の結果」（「医者になる」など）の用法を用いない。ニの習得はプロトタイプの「移動先」（「東京に行く」など）からはじまるので、教える順序としては、まず「移動先」を教え、そこから拡張していくのがよいという結論を出して

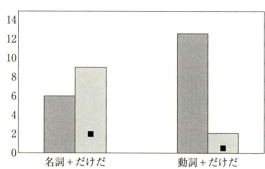

図 4.5　母語話者・学習者による「だけだ」の 10 万字あたりの使用頻度（中西（2010））
■母語話者、□学習者、■誤用

4.3 分野による相違、使用者による相違

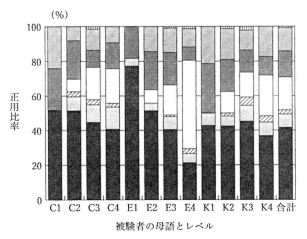

図 4.6 学習者の格助詞「ニ」の使用実態（森山（2008））
90 名約 2000 例の内訳。▥経験主、□時、■存在位置、□変化、
▨相手（起）、□相手（着）、■移動先。

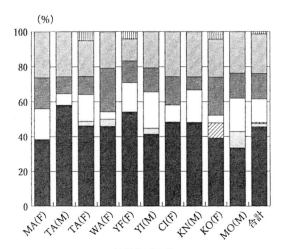

図 4.7 日本語話者の格助詞「ニ」の使用実態（森山（2008））
10 名約 300 例の内訳。▥経験主、□時点、■存在位置、□変化の結果、
▨相手（起）、□相手（着）、■移動先。

これらの調査を行うことで、日本語教育において、どのような順番で教えたらよいか、何を教えたらよいかが明確になってくる。

◇ 4.4 文法現象を数値化することの意味 ◇

最後に、文法現象を数値化することの意味を、上記の分類に入らないいくつかの研究を見たうえで明らかにしたい。

4.4.1 語　順

小林（2000）は、ニ格成分とヲ格成分の語順を調べるために、日経新聞DB（日本経済新聞CD-ROM版1994）を使用した。一般にニ格がヲ格に先行する（「次男に二万円を渡した」など）が、以下の原則の優先序列によって、ヲニの順になることもある（「副議長ポストを野党である「改革」に渡す」など）ことを明らかにした。

　　慣用表現＞＞焦点位置＞＞名詞句の長さ＞＞意味役割

語順については、早くから研究があり、林監修（1982）や計量国語学会編（2009）にも言及がある。林監修（1982）は、国立国語研究所の現代雑誌九十種の調査をもとに類型化している（pp.365-367）。たとえば、「～が」（主体）、「～で」（場所）、「～を」（対象）の3つの成分から成る文の場合、どの順が多いかを並べると以下のようになることが示されている。

　　～が～で～を　＞　～が～を～で・～で～が～を　＞　～を～で～が

「～が～で～を」（「一郎が台所で酒を飲む」）がより自然であることがわかる。
次に、計量国語学会編（2009）に載っている一例をあげる。まず、各成分間の順序を、計量的な方法で捉え、結果的に下記のよう順序を導き出した。

　　時の名詞→デ（所）／　ニ（ありか）→ガ（主格）／
　　ガ（主格）→ト（ようす）／　ガ（主格）→ヲ（対象）／
　　ヲ（対象）→形容詞連用形（結果）

そして、係りの順序をだいたい次のように整理した。

　　時　→　所　→　ようす・対象　→　結果

格成分の出現順序というものは、こうでなければならないというふうに決まったものではない。「このような傾向がある」という程度のもので、その傾向は、データを調査することで知ることができる。

4.4.2 日本語教育用文法シラバス作成のためのコーパス調査

庵（2015）では、使用の実態に基づいて日本語教育用文法シラバスを作成するという目的のもと、4つのレベル（上級、中上級、中級、初中級）に該当するコーパスを選び、文法事項の分布状況を把握して、日本語教育のシラバス作成に役立てている。4つのコーパスとは、BCCWJ（書籍）、新書（新書コーパス：Castel/J から配布された新書コーパスから1ファイルを除いた残りの全ファイル）、新聞（朝日新聞データベース2012年度版の中から24日分をランダムサンプリングしたもの）、名大コーパス（名大会話コーパス、全129ファイル）である。BCCWJ（書籍）は Step 6（上級）、新書コーパスは Step5（中上級）、新聞コーパスは Step4（中級）、名大会話コーパスは Step 1～3（初中級）として位置づけられており、それぞれのコーパスにおける頻度に従って、文法シラバスを作成する試みを行っている。データが直接役に立っている分野である。

◇ 4.5　ま　と　め ◇

文法現象を数値で捉えることで、時代変遷・ゆれ、分野における分布、母語話者と学習者の違いなどを知ることができる。それによって、時代や分野に合った文法記述を行うことが可能となり、非母語話者に日本語を教える際も、より適切な指導を行うことができるようになる。樋口（2014）では、第3章でも取り上げた KH Coder というソフトウェアを紹介しており、技術的に未熟な者でも、計量的テキスト分析が可能となっている。

■ 練 習 問 題
4.1　コーパスや www で、ゆれのある現象について使用状況を調べてみよう。
4.2　コーパスのレジスターごとの違い、時代ごとの違いを調べてみよう。
4.3　表現使用にゆれのあるものについて、アンケートをとってみよう。文化庁の調査と比較してみよう。

■ 参 考 文 献
庵功雄（2015）「日本語学的知見から見た中上級シラバス」庵功雄・山内博之編『現場に役立つ日本語教育研究1　データに基づく文法シラバス』くろしお出版　pp.15-46
小木曽智信（2005）「漢語サ変動詞の可能の形—「〜できる」の展開—」国立国語研究所編『雑誌『太陽』による確立期現代語の研究』博文館新社　pp.251-269
荻野綱男（2006）「形容動詞連体形における「な／の」選択について—田野村氏の結果をWWWで調べる」『計量国語学』25巻7号　pp.309-318
計量国語学会編（2009）『計量国語学事典』朝倉書店

第4章 文法・意味──文法現象をデータで見るってどういうこと？

国立国語研究所編（2005）『雑誌『太陽』による確立期現代語の研究─『太陽コーパス』研究論文集』博文館新社
小林茂之（2000）「ニ格名詞句とヲ格名詞句の語順の要因について─新聞記事全文コーパスに基づく一分析─」『都留文科大学研究紀要』52号　pp.105-116
近藤明日子（2005）「尊敬待遇表現─動詞性の名詞や動詞連用形に付く形式について─」　国立国語研究所編『雑誌『太陽』による確立期現代語の研究』博文館新社　pp.227-250
田野村忠温（2002）「形容動詞連体形における「な／の」選択の一要因─「有名な」と「無名の」」『計量国語学』23巻4号　pp.207-213
田野村忠温（2008）「大規模な電子史料に見る現代日本語の動態」『待兼山論叢』42号　pp.55-77
中尾比早子（2005）「副詞「とても」について─陳述副詞から程度副詞への変遷─」　国立国語研究所編『雑誌『太陽』による確立期現代語の研究』博文館新社　pp.213-226
中西久実子（2010）「日本語学習者・日本語母語話者のとりたて助詞の使用実態」『計量国語学』27巻7号　pp.270-282
林大監修（1982）『図説日本語』角川書店
樋口耕一（2014）『社会調査のための計量テキスト分析─内容分析の継承と発展を目指して』ナカニシヤ出版
服部匡（2011）「話者の出生年代と発話時期に基づく言語変化の研究─明治以降の文学作品を資料として─」『計量国語学』28巻2号　pp.47-62
松田謙次郎編（2008）『国会会議録を使った日本語研究』ひつじ書房
丸山直子（2015）「コーパスにおける格助詞の使用実態─BCCWJ・CSJにみる分布─」『計量国語学』30巻3号　pp.127-145
宮内佐夜香（2012）「接続助詞とジャンル別文体的特徴の関連について─『現代日本語書き言葉均衡コーパス』を資料として─」『国立国語研究所論集』3号　pp.39-52
森山新（2008）『認知言語学から見た日本語格助詞の意味構造と習得─日本語教育に生かすために─』ひつじ書房

第5章 文章・文体

伊藤 雅光

文章と文体の個性は数ではかれるの？

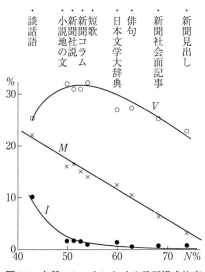

図 5.1 各種テクストにおける品詞構成比率の散布図（樺島・寿岳（1965））

表 5.1 各種テクストにおける品詞構成比率

素材テクスト	N	V	M	I	自立語総数
談話語	43.2	25.1	22.1	9.6	2,300
小説地	50.2	32.0	16.4	1.4	27,874
新聞社説	51.1	30.7	16.6	1.6	18,549
新聞コラム	52.5	30.9	15.1	1.5	6,306
短歌	54.3	32.0	13.5	0.2	3,087
文学大辞典	59.6	26.8	12.3	1.3	6,908
俳句	62.7	27.0	10.4	0.1	2,139
新聞記事	68.3	24.6	6.5	0.6	6,075
新聞見出し	74.0	22.6	3.4	0.0	2,494

◇ **5.1 品詞比率から文体の特徴を判定する** ◇

5.1.1 散布図を作る

図 5.1 は各種テクストにおける品詞構成比率の散布図である（樺島・寿岳 (1965)）。品詞構成比率とは、ある文章のなかで使われている各品詞の割合のことである。なお、ここでの品詞は学校文法の 8 品詞（自立語）ではなく、以下の 4 分類を使用する。なお、助詞・助動詞は対象外にしている。

・N—名詞。文の骨組みとなり、何が、何を、いつ、どこでを表す。
・V—動詞。述語となる重要な語。動き・変化を主に表す。
・M—形容詞・形容動詞・副詞・連体詞。ものやことがらの状態・有様を表し、どんな・どんなに・どんなだを表す語。
・I—接続詞・感動詞。送り手の態度を直接に、概念化せずに表す語。

図5.1の散布図は、x軸（横軸）にNの比率をとり、y軸（縦軸）にV、M、Iの比率をとっている。この図はNの比率を基準にして、そのNの比率の増減がほかの品詞の比率の増減とどのような対応関係が見られるかを観察するために作成される。

調査対象とした素材テクストは「談話語」から「新聞見出し」までの9種類である。表5.1ではその9種類のテクストをNの比率の小さいものから大きなものへという順序で並べてあるが、この表に基づいて上記の散布図は作成された。

たとえば、「談話語」のデータの散布を行ってみる。まず、Nが43.2％なので、x軸の43.2％の位置から上に垂直線を引く。Vは25.1％なので、垂直線上の25.1％の位置にドット「○」を書く。同様にMは22.1％の位置にドット「×」を、Iは9.6％の位置にドット「●」を書くことで談話語データの散布作業は終わる。同じ作業をそのほかの8種類のテクストごとに施すことで散布図は完成する。

図5.1の散布図にはドットの集合のほぼ真ん中を通る線が引かれてあるが、これを「傾向線」という。傾向線は各品詞のデータ全体に基づいて厳密に計算することにより引くことができる。以上は手作業による散布図の作成方法だが、表計算ソフトで表5.1を作成し、表全体を範囲指定して、「散布図」のアイコンを押すと自動的に作成してくれる。また傾向線も自動的に追加することができる。

5.1.2 散布図を分析して解釈する

散布図が完成したら、それで終わりではなく、今度は観察と分析に入る。散布図はあくまでも分析のための道具である。

【品詞構成比率の順序】　表5.1から、品詞を比率の多い順に並べると、どのような素材テクストでも、$N>V>M>I$　になることがわかる。名詞は品詞の中で常にもっとも大きな比率を持つので、品詞比率の代表値として使うことができる。つまり、名詞Nの比率がわかれば、ほかの品詞グループの比率もだいたい見当がつくのである。

【各品詞のドット集合の分布】　名詞以外の品詞グループのドットの集合は図の上中下の位置に分かれ、しかもNの比率が増加するに従って、以下の分布傾向を示していることがわかる。

① Vは一端は増加するが、すぐに減少に転じる。
② Mは直線的に減少していく。
③ Iは急激な減少のあとは緩やかな減少に転じる。

このように、N の比率の変化に対応して、ほかの品詞の分布が傾向線に沿って変化するということは、N と $V \cdot M \cdot I$ の間にある対応関係、つまり法則があることを意味している。その法則は散布図の中の傾向線として視覚化されている。

また、その対応関係は素材テクストの文体の違いに基づいているのである。

【話し言葉的文体と書き言葉的文体の分析と解釈】 図 5.1 と表 5.1 を観察すると、「話し言葉的文体」の素材テクストは「談話語」だけで、そのほかの 8 種類の素材テクストはすべて「書き言葉的文体」である。談話語はほかの素材テクストと比べると、名詞がもっとも少なく、形容詞類（M）と感動詞類（I）がもっとも多いことがわかる。一方、書き言葉的文体はそれとは逆の傾向があり、まとめると以下のようになる。

ⓐ 話し言葉的文体―名詞が少なく、形容詞類（M）と感動詞類（I）が多い。

ⓑ 書き言葉的文体―名詞が多く、形容詞類（M）が少なく、感動詞類（I）は（ほぼ）ない。

一般的に談話では、話し手と聞き手の間で共有している情報を表す名詞は省略して、伝達効率を上げることが多い。これが話し言葉的文体で名詞が少ない理由と考えられる。名詞比率が低くなった分、形容詞類（M）と感動詞類（I）の比率は高まることになる。

一方、書き言葉では伝達の正確性を維持するため、名詞が省略されることは希である。名詞比率が高くなった分、ほかの品詞の比率は低くなるが、とりわけ感動詞は書き言葉で使用されることはまずない。

【要約的文章と描写的文章の分析と解釈】 要約的文章とは「ことがらの骨組みだけを書いた文章」のことで、たとえば、「新聞記事、ニュース、小説のあらすじ」などがある。

描写的文章とは、「ことがらのこまかい部分まで書いた文章」のことで、文章を読みながら、その内容を映画のシーンやさし絵を見るように想像することができる文章である。たとえば、「小説、評論、新聞のコラム、短歌」などがある。

9 種類の素材テクストのうち、談話語は要約的かどうかの判断は今後のさらなる調査が必要なので、ここでは、そのほかの 8 種類の素材テクストだけで観察していく。名詞がもっとも少ない「小説の地の文」が描写的文章で、名詞がもっとも多い「新聞見出し」が要約的文章ということになる。両者の間にある 6 種類の素材テクストは名詞が多くなるほど、要約度が高くなると判定される。

一方、描写的文章（小説地の文、新聞社説、新聞コラム、短歌）では、ことが

らのこまかい部分まで書くため、動詞や形容詞類の比率が必然的に高くなり、その分だけ名詞の比率が低くなる。以上をまとめると以下のようになる。
　ⓒ　要約的文章—名詞が多く、動詞（V）と形容詞類（M）は少なく、感動詞類（I）は（ほぼ）ない。
　ⓓ　描写的文章—名詞が少なく、動詞（V）と形容詞類（M）が多く、感動詞類（I）はとても少ない。

　以上をもっと簡単に述べると「名詞が多い」のが「要約的文章」で、「名詞が少ない」のが、「描写的文章」だということになる。

　この判定基準を表5.1に適用してみる。名詞がもっとも少ない「小説の地の文」は描写的文章で、名詞がもっとも多い「新聞見出し」は要約的文章ということになる。両者の間にある6種類の素材テクストは名詞が多くなるほど、要約の度合いが高くなると判定される。

　以上のように、いろいろな素材テクストの品詞構成比率をまとめた散布図を作成することにより、文体や文章の違いを客観的に判定することが可能になるのである。

◇ 5.2　文章と文体 ◇

　「文章」とは、文（sentence）を連ねることによって、思想や感情などを文字に書いて表した完結した言語表現のことである。一方、「文体」とは文章の表現形式（スタイル）のことである。文体の定義は以下のように2つに分けられる。
　(1) 個別的文体：　作家や作品に固有の表現としての文体。比喩などレトリックの特徴や用字・用語の使用頻度などが根拠になることもある。一般には、文体という語をこの個別的文体の意味で用いることが多い。「夏目漱石の文体」「白樺派の文体」「源氏物語の文体」など
　(2) 類型的文体：　ジャンルや時代や集団による文章の類型。不特定多数の表現に共通する類型的特殊性に着目した文章様式とも言える。「書き言葉的文体—話し言葉的文体」、「和文体—漢文体—和漢混淆文体」、「常体（だ体・である体）—敬体（です・ます体）」

　前節では、まず「類型的文体の分析方法」を扱った。つまり、「書き言葉的文体」と「話し言葉的文体」の分析と解釈である。

　次に、「文章の表現性の分析方法」を扱った。つまり、「要約的文章」と「描写的文章」の分析と解釈である。

さらに次節では文章の表現性を深く分析するための技術として文章指標・MVRの原理とその評価・応用方法を紹介する。

文章の分析と文体の分析の違いはレベル（抽象度）の違いにある。

文体の分析では「書き言葉的文体」と「話し言葉的文体」の判定を扱うわけだが、これらは文章の表現形式の違いという、かなり抽象度の高いレベルを扱っている。つまり、「類型的文体」の解明をしているわけである。

一方、文章の分析では「要約的文章」と「描写的文章」の判定を扱ったわけだが、これらは個別的な文章の表現性の違いという、かなり抽象度の低い、具体的なレベルを扱っている。ただし、ある作家の小説本文をいくつかに分割し、その作家が「要約的文章」と「描写的文章」のどちらを多く使うかとか、ストーリー展開のなかでどのような表現性の変化を見せているかなどを分析できれば、その作家の文体の分析につながることになる。つまり、「個別的文体」の解明である。

◇ 5.3　文章の個性をはかる——文章指標・MVRとは何か ◇

5.3.1　文章の表現体系

文章の個性をはかる方法を説明する前に、その前提となる文章の表現体系について説明する。文章は、表現上の特徴から、まず「要約的文章」と「描写的文章」に区分されるが、これらについては前節ですでに説明した。

描写的文章は、さらに「ありさま描写」の表現と、「動き描写」の表現に二分される。ありさま描写とは、「対象を質や状態によってとらえる描写」で、静止した絵や写真を想像させるような描写のことである。動き描写とは「対象を動きによってとらえる描写」で、ビデオで再生される動画を想像させるような描写のことである。以上をまとめると、図5.2のようになる。

誤解されやすいのは、「景色」について書いているから、ありさま描写的と捉えたり、「動き」について書いているから、動き描写的だと解釈することである。

次の①と②はどちらも「景色」について書いた文だが、①はありさま描写的で、②は動き描写的である。

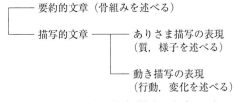

図 5.2　文章の表現体系（樺島・寿岳 1965）

① 空の色は青く、海は鏡のように静かだ。　　（ありさま描写的）
② 空は晴れわたり、海面は光り輝く。　　（動き描写的）

また、次の③と④はどちらも「動き」について書いた文だが、③はありさま描写的で、④は動き描写的である。

③ 彼の走り方は大変速い。　　（ありさま描写的）
④ 彼は走る、疾走する。　　（動き描写的）

この場合の判定は、その文の述語が形容詞や形容動詞の場合（形容詞文）はありさま描写で、動詞の場合（動詞文）は動き描写と判定するのである。

5.3.2　名詞の比率が持つ意味

図5.3は100編の小説について、名詞のグループとほかのグループとの相関関係を表した散布図である。名詞の比率を横軸にとり、名詞比率N%を持つ作品がほかの3つの品詞グループの組みを何%持つかを縦軸にとって示してある点は、冒頭の散布図と同じである。違うのは素材テクストを小説だけにしぼった点である。各々の品詞グループの点の集合ごとに、傾向線を引くことができるが、100編の小説ともなると、傾向線から遠くに分布しているものもあり、同じ小説といってもばらつきが小さくないことがわかる。それでも、品詞を比率の多い順に並べると、$N>V>M>I$ になる点は変わっておらず、やはり先の散布図と本質的には同様の傾向線が引けることから、小説だけに限定しても先に指摘した法則が存在していることが確認できる。そのため、前述したように、名詞Nの比率がわかれば、ほかの品詞グループの比率もだいたい検討がつくのである。また、100編の小説でも名詞は品詞中もっとも大きな比率を持つので、品詞比率の代表値として名詞の比率を使うことが確認できる。

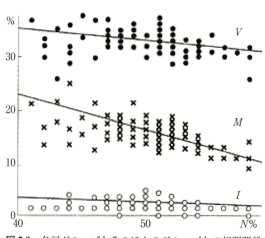

図5.3　名詞グループとそのほかのグループとの相関関係
　　　　（樺島・寿岳 1965）

一般的に要約的な文章は名

詞 N の比率が大きく、描写的な文章は名詞の比率が小さいことはすでに確認した。名詞は、文のなかで、何が、何を、など骨組みを表す。そこで要約的な文章では骨組みを表す名詞は重要であり、大きな比率をしめることになるのである。つまり、名詞は文章が要約的であるかどうかを知るための、一つのものさしとなるわけである。

5.3.3 文章指標・MVR の計算方法

　ある文章の品詞構成比率から文章の表現的特徴を判定する文章指標に MVR がある。この指標（尺度）は、樺島忠夫・寿岳章子著『文体の科学』（綜芸舎、1965）で提案されたものである。同書は文章・文体の特徴を数値化する方法をいくつも提案しており、文章・文体を科学的に研究する上で、学界に大きな裨益を与えた名著である。しかし、発行が半世紀も前であり、すでに絶版となって久しいので以下では、できるだけ詳しく説明する。

　MVR は M のグループ（形容詞・形容動詞・副詞・連体詞）の比率を V のグループ（動詞）の比率で割った値に 100 をかけることによって出すことができる。その公式は次のようになる。

$$\mathrm{MVR} = M \div V \times 100 \tag{5.1}$$

たとえば、ある作品の品詞比率が以下のようだったとする。

$$N=48\%, \quad V=35\%, \quad M=15\%, \quad I=2\% \tag{5.2}$$

その作品の MVR は次のようにして計算して求めることができる。なお、小数点第一位は四捨五入している。

$$\mathrm{MVR} = 15 \div 35 \times 100 = 43 \tag{5.3}$$

5.3.4 MVR の判定方法

　MVR という文章指標が何を意味し、文章の表現性はどのようにするのかについて説明していく。M のグループ（形容詞・形容動詞・副詞・連体詞）は、「どんなに・どんな・どんなだ」を表すことが多いので、「ありさま」を表す品詞グループだといってよい。これに対して V のグループ（動詞）は「動き」を表すということができる。

　そこで M の比率を V の比率で割った値の意味を考えると次のようになる。$\mathrm{MVR} = M \div V \times 100$ なので

第 5 章 文章・文体——文章と文体の個性は数ではかれるの？

MVR の値	品詞比率	表現のあり方	
大	$M>V$	ありさま＞動き	(5.4)
小	$M<V$	ありさま＜動き	

つまり、MVR の値が大きいほど「ありさま描写的」であり、MVR の値が小さいほど「動き描写的」だと考えられるわけである。

5.3.5 名詞比率と MVR とを組み合わせる意味

これまでに述べた名詞と MVR との意味を組み合わせると次のような結論に達することになる。

① 名詞比率 N が大きく、MVR が小さい文章は「要約的な文章」
② N が小さく、MVR が大きい文章は「ありさま描写的な文章」
③ N が小さく、MVR も小さい文章は「動き描写的な文章」

樺島・寿岳（1965）では、現代小説 9 例文の名詞の比率と MVR を計算して、それぞれの文章的特徴を表 5.2 のように判定している。

以下に、実例を 3 例だけあげる。

［例文 4・要約］　二人の兄が小学校さえ碌に通わず、父親の手元で厳しく仕込まれて、生抜きの大工職となったに引き変え、男女六人の末に生れた茂三郎だけは、時世につれてか、私立ながら工業学校を卒業させて貰ったばかりに、自分の引いた設計図によって、現場で働いている兄たちを看に行くような、どっちにとってもいくぶん具合の悪い場面を生じたりした。

表 5.2　例文の N 値と MVR 値

例文	作者	作品	評語	N	MVR
1	大岡昇平	武蔵野夫人	要約	57	30
2	佐藤春夫	田園の憂鬱 1	ありさま	49	89
3	梶井基次郎	交尾	動き	40	48
4	里見 弴	みごとな醜聞	要約	54	19
5	久米正雄	破船 1	ありさま	44	92
6	久米正雄	破船 2	動き	35	79
7	佐藤春夫	田園の憂鬱 2	ありさま	49	83
8	佐藤春夫	田園の憂鬱 3	動き	46	44
9	菊池 寛	恩讐の彼方に	動き	49	35

5.3 文章の個性をはかる——文章指標・MVRとは何か

［例文5・ありさま］　室内は薄暗かった。もう夕方に近い外の明りは、樺色の窓かけに遮られて、透間から僅かに蒼白い光りを洩らしているきりだった。そしてもう来ている電燈にも、黒い布が陰鬱に被われてあって、乏しい光が赤ちゃけたように落ちていた。その中でただ病床の毛布だけが、白く軟かに仄めいていた。見ると先生の顔は、その白い毛布の端から、なぜか座蒲団を二つに折った枕の上は、光線の加減でてらてら光って赤みをさえ帯ながら、静かに息をついていた。

［例文8・動き］　稲の穂がだんだん頭を垂れてゆくにつれて、蝗の数は一時に非常に殖えて居た。犬は自分からさきに立って彼を導くようにしながら田の方へ毎日彼を誘い出した。彼は目の前の蝗を見ると、時々、それを捉えて犬どもに食わせてやりたくなった。それで指を拡げた手で、その虫をおさえようとした。

この表から、次のような具体的な判定基準があることがわかる。

① 「要約的」とは名詞 N が54%以上で、MVRが30以下のテクストである。
② 「ありさま描写的」とは名詞 N が49%以下で、MVRが83以上のテクストである。
③ 「動き描写的」とは名詞 N が49%以下で、MVRが79以下のテクストである。

散布図5.4は名詞比率（x軸）とMVR（y軸）による上記の近現代小説例文の表現性の違いによる分布を示している。数字は表5.2の例文番号である。同じ小説から複数の例文が採用されている点を注目してほしい。つまり、この調査は小説単位ではなく、例文単位の調査なので、作家間の「文体の違い」ではなく、あくまでも「部分的な文章の表現性の違い」を扱っているということである。

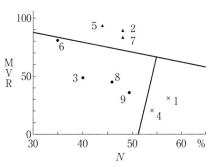

図5.4　名詞比率とMVRによる現代小説の分布

◇ 5.4　目的別の文章・文体の計量的研究 ◇

　本章ではこれまで文章と文体の種類の判定に関する分析技術を紹介した。このほかにも高度な分析技術は沢山あるが、これらを理解するためには専門的な統計的知識を必要とするため、本書では扱わなかった。ただ、このような技術を使えば、どのような研究ができるかということを紹介して、本章を終わりにしたい。

　文章・文体の主要な計量的研究は研究目的によって、(1) 計量文献学（数理文献学）、(2) 計量文体論（文体統計学）、(3) テクスト自動生成論（創作型人工知能）の3つに分けられる。

　(1) 計量文献学は、ある文献の書誌的事項や内容を統計的手法によって分析する学問である。具体的なテーマとしては、執筆年代不明の文献の年代推定や、作者不明の文献の著者推定などがある。古くから研究されている分野だが、近年はパソコン使用を前提とした新しい分析手法の開発や導入が盛んになるなど、活発な動きを見せている。

　(2) 計量文体論は、作家などの文体的特性を統計的手法で明らかにする学問である。分析手法の面では、計量文献学と共通するものが多く、広い意味では計量文体論も計量文献学の中に含められる。なお、日本の計量文体論は、心理学者の波多野 (1935) が提唱した「文章心理学」に始まるが、ほぼ同時期に始まったドイツの計量文体論とは独自に開拓されており、いわゆる「輸入学問」ではない。文章心理学は、ある文章の文体的特徴を統計的手法で分析し、そのデータに基づいて書き手の人格的特性や心理状態などを明らかにする学問である。

　(3) テクスト自動生成論はテクストの自動生成原理の解明を目的とする分野である。その実験は、1948年に米国の応用数学者クロード・シャノンがロシアのマルコフ・モデル（n-gramモデル）を応用したことに始まる。日本でも生成実験は渡辺修の和歌 (1953)、水谷静夫の昭和初期歌謡 (1959)、樺島忠夫の昭和中期歌謡 (1970)、中野洋の昭和後期歌謡 (1971) と続いたが、その後、新しい展開に入ることなく下火となった。ところが1998年に伊藤雅光がパソコンによる創作型人工知能システムを開発するに及んで研究の急速な展開を見せるようになった。伊藤の研究は、松任谷由実や中島みゆきといった作詞家個人の歌詞に限定したことにより、テクスト性の高い歌詞合成の成功につながった。伊藤は2013年には既成曲に合わせた歌詞を作る「創作型人工知能システム」により、生成された歌詞をボーカロイド・初音ミクに歌わせている。これにより、疑似ユーミンソングがJ

ポップであることを証明した。

　以上、3分野を簡単に紹介したが、さらに詳しく理解したい向きには、計量国語学会（2009）、伊藤（2017）を参照されたい。

◇ 5.5　ま　と　め ◇

　本章で紹介したのは、あくまでも文章・文体の初歩的な分析技術であるが、できるだけ具体的に紹介したので、すぐにでもレポートや卒論に応用できるはずである。これをどのような研究テーマの中で、どのように採用していくかにより、いろいろな事実の発見につながっていくはずである。その点をよく考えたうえで活用していただきたい。

■ 練 習 問 題
5.1　表5.1を観察すると、どのような素材テクストでも、品詞を比率の多い順に並べると、N>V>M>I　になることがわかった。このような順序はなぜ成立すると考えられるか。その理由を考えてみよう。
　〔ヒント〕つぎの例文を要約文に書き換えてみよう。そこから文における品詞の必要性について考えるとよい。
　　「そして、のん気な金田君は短気な鉄男君をかわいいケイちゃんにすぐに紹介した。」

■ 参 考 文 献
伊藤雅光（1998）「テクスト合成システム『ふじむら』」『計量国語学』21巻6号　pp.275-287
伊藤雅光（2017）『Jポップの日本語研究—創作型人工知能のために』朝倉書店
樺島忠夫・寿岳章子（1965）『文体の科学』綜芸舎
樺島忠夫（1970）「流行歌をつくる—国語学・国語表現法資料—」『計量国語学』52号　pp.8-40
計量国語学会（2009）『計量国語学事典』朝倉書店
中野洋（1971）「機械の綴る愛の歌」『言語生活』242号　pp.41-47
波多野完治（1965）『文章心理学《新稿》』大日本図書
水谷静夫（1959）「『泣く・花・恋』から『……ている・泣く・雨』へ」『言語生活』91号　pp.26-37
渡辺修（1953）「表現効果の数量化」［発表要旨］『国語学』15号　p.100
Shannon, C.E. (1948) "A Mathematical Theory of Communication". Bell System Tech. J. 27 (3), (4).
Shannon, C.E., Weaver W. (1949) The Mathematical Theory of Communication. Univ of Illinois Press.（C.E. シャノン、W. ウィーヴァー『コミュニケーションの数学的理論』訳者：長谷川淳、井上光洋、明治図書出版 1969年／『通信の数学的理論』訳者：植松友彦、筑摩書房〈ちくま学芸文庫〉2009年）

第6章 社会言語学

荻野綱男

人によってことばの使い方はどう違うの？

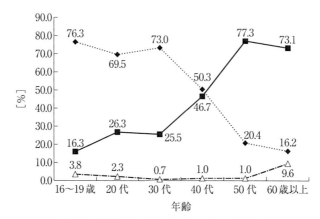

図 6.1 「煮詰まる」の意味の年齢差（文化庁）
……◆…… 結論が出せない状態になること、—■— 結論の出る状態になること、
—△— わからない。文化庁による。URL：http://prmagazine.bunka.go.jp/
pr/publish/bunkacho_geppou/2012_01/series_08/series_08.html

　図 6.1 は、文化庁国語課「平成 19 年度 国語に関する世論調査」から「煮詰まる」の意味の年齢差を示したものである。

　この調査は、日本全国に住む 16 歳以上の人、約 3 千人を対象にしたもので、ほぼ日本語話者の状況を反映しているものと考えられる。その結果、50 代以上の人は、「煮詰まる」の意味として「（議論や意見が十分に出尽くして）結論の出る状態になること」ととらえているのに対し、30 代以下の人は、「（議論が行き詰まってしまって）結論が出せない状態になること」ととらえていることがわかる。40 代の人は、2 つの意味が半々で支持されている。

　「煮詰まる」の意味としては、「結論の出る状態になること」が正しい。つまり、年配の人の意味のとらえ方が正しいのであるが、若い人には間違った意味のとらえ方が浸透していると見ていい。

　このように、間違った意味が広がっているわけだが、7 割〜8 割の人が使ってい

るとなれば、それを「間違っている」と主張してもどうしようもない。今や、若い人の大半が間違った意味で「煮詰まる」を使うようになっている。正しい（本来の）意味で使っている人は年配者に多いわけであるが、この人たちは、若い人たちよりも先に寿命が来ることは確実である。つまり、近い将来（数十年後？）間違った意味で使われる場合が大半になってしまうわけである。

そのころになれば、もうどちらが正しいかなどという議論もなくなっているだろう。もうたいていの人が「結論が出せない状態になること」という意味で使っているはずである。

少し前（数十年前？）は、今の中高年層に見られる傾向がもっと若い人にまで広がっていたはずである。これは、今の年齢別グラフが数十年前にどんな形だったかを考えてみるとわかるだろう。

もっとも、そのような推定が妥当だといえる場合は、人々がこどものころに習得した言葉（の意味）が、その個人の頭の中で変化することなく、ずっとそのままの状態で使い続けられるという場合である。言語現象によっては、このようなことが成り立たない場合もある（たとえば、新語・流行語は、さっと普及するが、その一部は消えるのも早い）。

こうして、今の社会の中に見られる年齢差の一部は数十年にわたる言語変化（この場合は言葉の意味の変化）を反映しているものと考えられる。

日本語は、話し手によって使われ方に差がある。聞き手によっても違ってくる。このような状態のことをバラエティ（多様性）があるという。

この章では、日本語の中にどのような多様性があるのか、それが何を意味しているのか（何を反映してるのか）を見ていこう。このような多様性の中の規則性を研究する分野が社会言語学と呼ばれる研究分野である。

◇ 6.1 話し手の属性差──年齢差 ◇

日本語（共通語）の中で年齢差のあるものの例として、熊のアクセントを取り上げよう。

「熊」はもともと1拍目が低く、2拍目が高い（助詞が付く場合は助詞が低く付く）というアクセント型を示していた。これを2拍目が高いということで「②」と表記することにする。この型は、目の「隈」と同じ型である。しかし、最近の若い人は1拍目が高く、2拍目が低い（助詞が付くときは助詞も低い）というアクセント型を使うようになっている。これを1拍目が高いということで「①」と

第6章 社会言語学——人によってことばの使い方はどう違うの？

表 6.1　文京区根津調査での年齢構成

年齢層	生　年	調査時の年齢	人数
第 1	明治 32 年 (1899)—明治 42 年 (1909)	83 歳—72 歳	10 人
第 2	明治 43 年 (1910)—大正 10 年 (1921)	72 歳—60 歳	18 人
第 3	大正 11 年 (1922)—昭和 8 年 (1933)	60 歳—48 歳	29 人
第 4	昭和 9 年 (1934)—昭和 20 年 (1945)	48 歳—36 歳	19 人
第 5	昭和 21 年 (1946)—昭和 32 年 (1957)	36 歳—24 歳	10 人
第 6	昭和 33 年 (1958)—昭和 44 年 (1969)	24 歳—12 歳	20 人

表記することにする。つまり、共通語の熊のアクセント型は②から①に変化したということである。

これを調査したものとして、馬瀬良雄が 1982 年に行った調査を見てみよう（馬瀬 (1983)）。

文京区根津で 106 人を調査した結果である。6 つの年齢層は表 6.1 の通りである。

図 6.2 のグラフでは、左側が高齢層、右側が若年層になっている。この地域で生まれ育った人を選んで調査したため、各グループの人数がやや少な目なので、比率（%）はあまり信頼できないが、大まかな傾向は把握できよう。高齢層では②が 100％だったのに、若い人ほど②が減り、①が増え、第 4 年齢層で両者の比率が逆転し、第 4〜第 6 年齢層では①のほうが高い比率を示している。

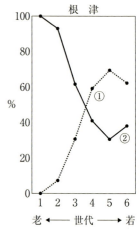

図 6.2　熊のアクセントの年齢差（馬瀬 (1983)）

別途、都内で 500 人ほどの中学生（ただし生え抜きではない）も調査しているが、その結果では①のアクセントがさらに増え、80％から 95％ほどを占めるようになっている。

個々の単語のアクセント型は、一度覚えるとその型をずっと使い続ける傾向が強いと考えられる。とすると、戦争中ないし戦争直後くらいに①のアクセント型が受け入れられるようになったのであろう。

NHK は、『NHK 日本語発音アクセント辞典』を編集・刊行しているが、熊のアクセントも改訂の対象になっている。塩田 (2011) は、1998 年版のアクセント辞典の記述（②のみ）を改め、次の 2016 年版の発音アクセント辞典では、②を第

6.1 話し手の属性差——年齢差

1に推奨するアクセントとしつつも、①も第2アクセントとして記述する方針であることを明示している。

なぜならば、NHKのアナウンサー471人に熊のアクセント①②を聞いてもらい、「放送で使うのにふさわしい」かどうかを聞いたところ、②が84％の支持を得たが、①も52％の支持を集めているという結果になったからである。一般の人の熊のアクセントが②から①へ変化しつつあり、NHKのアナウンサーも①のアクセントを耳にする機会が増えてきたのであろう。そのような経験の積み重ねにより、現在では、アクセント辞典の記述として①も示すべきだという結果になっていると考えられる。

この章の冒頭の図で「煮詰まる」の意味の年齢差を示したが、熊のアクセントも同様の年齢差を示している。そして、この場合、年齢差は言語変化を反映していると考えられる。

ただし、一般の人が使うアクセントの場合と、NHKのアナウンサーが放送で使うことが望ましいと考えるアクセントの場合では、両者が完全に一致するわけではない。一般社会では、①のアクセントが大部分になったとしても、一部高齢者が②のほうが正しいし望ましいと考えていれば、NHKのアナウンサーが使うアクセントとしてはなかなか「①」が採用されないのではなかろうか。そのような意味で、年齢差とともに文体差（一般の用法とアナウンサーの用法）があると考えられよう。

次の年齢差として自称詞の「わし」を取り上げよう（表6.2）。文化庁国語課が、全国調査で2回取り上げて調査している。

「わし」は、平成7年（1996）の段階で、男性の高齢者の一部に（数％レベルで）見られる程度で、あまりたくさんは使われない言い方である。平成18年（2006）の段階では、いよいよ使用者が少なくなって、ほとんど使われていないともいえる程度である。

「わし」はこれから死語になるかもしれない。しかし、一部には「わし」を使う人が残っていそうである。男性の高齢者、中でも社会的地位が高い人（会社経営者とか、何かの組織のリーダーなど）を象徴する表現である。そのように特定の使用者を連想させやすい言

表6.2 自称詞「わし」の年齢別使用率（％）

	平成7年		平成18年	
	男性	女性	男性	女性
16-39歳	—	—	—	—
40-49歳	1.4	—	—	—
50-59歳	3.1	—	—	—
60歳以上	4.3	0.4	1.6	—

い方であるから「役割語」とみなしてもいい。役割語とは、話し手の性別や年齢・階層を、聞き手（読み手）がそうだと推測できるような、型にはまった言葉や話し方のことである。

「わし」は、かなり前から使われてきた自称詞である。日本国語大辞典第2版によれば、近世には女性が用いたという記載がある。また、内田魯庵の『東京百面相』(1902)に「俺（ワシ）は明治7年に東京府に出仕し」という記載があるという。そのころ東京でも使われるようになったのであろう。「わし」は、その後、尊大感を伴いながら、男性高齢者が使う自称詞になっていった。

「わし」に関して注意するべきは、東京近辺で使われるようになってからこのかたずっと、男性高齢者が使ってきたということである。この年齢差は言語変化ではない。いつの時代でも、若い人は「わし」などとは使わず、男性が高齢になってくると「わし」というようになる。これが繰り返されてきた。つまり、昔も今も、男性が高齢になってくると使うようになる言い方なのである。これこそ、まさに「老人語」というべきものであろう。普通に老人語といわれるものは、「乗り合い自動車」とか「婚礼」など、古い言い方に過ぎず、昔はごく当たり前に使っていた言い方だったのに、その後、別の新しい言い方（バス、結婚）が普及し、みんながそちらを使うようになる。すると、昔の言い方を使うのは老人だけになってしまう。こういう言い方を老人語と呼ぶが、本来は老人語でも何でもなく、単なる「古い言葉」に過ぎない。しかし、「わし」はそうではない。昔も今も、老人になると使うようになるという意味で真の「老人語」である。老人語というのは、本来は、（いつの時代でも）加齢によって使うようになる言い方であるべきである。しかし、そういう言語表現はあまりない（ゲートボール用語などが該当するか）ので、単なる古い言葉も老人語だと思われている。

言葉の年齢差には、社会の変化によって持ち込まれるものがある。

電話機の例を考えてみよう。昔は、黒いダイヤル型の電話機しかなく、呼び方も「電話（機）」しかなかった。コードレスホンが普及してきても、有線電話という言い方は（別の仕組みで「有線（放送）」というものがあったため）なされなかった。留守番電話が普及したときも、留守番機能がない電話機に特に名前は付かなかった。

ところが、携帯電話が普及したときには、あまりにも大量の徹底した普及であったためか、携帯でない電話（機）に呼び名が必要になり、固定電話という言い方が、さらに俗語ではイエデンという言い方が普及した。

携帯電話は、短くケータイと呼ばれるようになった。その後、スマートフォン（スマホ）が普及し始めた。スマホもケータイである。とすると、スマホでないケータイを指し示す言い方が必要になってきた。フィーチャーフォンがそれである。日本ではガラパゴスケータイ（略してガラケー）という言い方もある。

　さて、このように同じ電話機を使っていても、単なる電話機から固定電話に名前が変わってしまうことがある。一つのケータイをずっと使っていると、いつの間にか、それはガラケーになってしまう。これは、似て非なる新しい電話機（？）が登場したことにより、それまでの電話機の呼び方が変わってしまった例である。

　このような変遷があると、どういう言葉を使うかという点で年齢差が観察されることがある。広い意味では言語変化の反映だろうが、「言語変化」という言い方がしっくりこない印象もある。

　同じものをズボン、スラックス、パンツなどと違う言い方で呼ぶようなことも、これに関連するかもしれない。

　ともあれ、日本語の中にはいろいろな年齢差が観察される。そういう多様性を利用して、我々は言語の使用者の年齢を推測できたりする。多様な言語表現は豊かな言語生活に結びついているといえるのかもしれない。

◇ 6.2　話し手の属性差——男女差 ◇

　日本語は話し手の男女差が大きい言語だといわれる。

　では、どんな男女差があるかということになると、取り上げられる言語現象は必ずしも多くはない。よく言われるのが自称詞（男性：オレ、ボク vs. 女性：アタシ）や終助詞（男性：ゾ、ゼ vs. 女性：ワ、ワヨ）、それに語種（男性：漢語が多い vs. 女性：和語が多い）といった現象である。

　これらについては、いろいろな調査でも取り上げられ、解説も多いので、ここでは少し変わったものの例をあげよう。

　はじめに取り上げるものは自称詞である。荻野（2007）で示したものだが、日本大学の学生を中心に約400人の若者から聞いた結果を図6.3に示した。

　質問文では、学生が普段接する人9種類を示して、それぞれの人に対して「わたし」という自称詞として何を使うかを尋ねた。図6.3の帯グラフの右側の数値は回答の個数である。家族と見知らぬ人以外は、話し相手の性別を男女に分けて2回質問しているが、目立った差は見られなかったので、ここでは2つを一緒にして示した。そのため、回答の個数が約2倍になっている。

第6章 社会言語学——人によってことばの使い方はどう違うの？

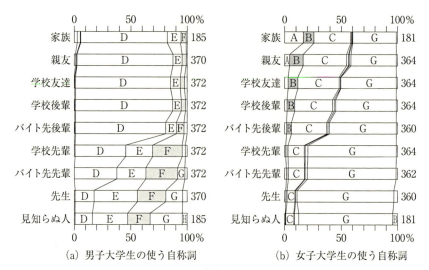

(a) 男子大学生の使う自称詞　　(b) 女子大学生の使う自称詞

図 6.3　若者の自称詞

A =〈愛称〉、B = うち、C = あたし、D = おれ、E = ぼく、F = じぶん、G = わたし、H = わたくし。

図 6.3 によって、最近の東京近辺の学生の自称詞の傾向を知ることができる。この中で特徴的なところを 2 つ指摘しておこう。

第 1 に、男性の自称詞では「自分」という言い方がかなり多いということである。特に「バイト先の先輩」に対しては 28％もの人がこれを選んでいる。「おれ、ぼく、わたし」といった男性に従来からよく使われてきた自称詞に並ぶ勢力になっている。

「自分」は、丁寧に接するべき人に対してよく使われる傾向がある。首都圏の大学の教員は、男子学生から「自分は～」というような言い方をされることがあると思うが、彼らは、丁寧な言い方として「自分」を使っており、教員に対して高い待遇（あるいはかしこまりの気持ち）を示そうとしているのである。これは新しい用法であろう。

第 2 に、女性の自称詞では「うち」という言い方がやや広がりつつあるということである。特に「親友」に対しては 12％の人がこれを選んでいる。「あたし、わたし」といった従来からある自称詞に対して割り込みつつあるといってよかろう。もちろん、これは元々関西地方の方言形であった。しかし、現在は普通の東京近辺の出身の女子学生が「うち」といっているのである。

「うち」は、友達などに対して使う傾向がある。つまり、今や、この言い方が親愛表現として使われはじめているということである。女性の自称詞としては、従来「あたし、わたし」といった、やや改まったニュアンスの表現しかなかったが、それでは、友達同士で話す場合に窮屈なのではないか。＜愛称＞は、家族では17％ほど使われているが、友達には使いにくい。それを補う意味で関西方言から「うち」を受け入れたのであろう。

もう一つ、さまざまな単語の使い方にも男女差があることを示そう。

荻野（2014）では、ウェブのなかで「オレ、ボク、アタシ」と一緒に使われる（共起する）単語を数え上げている。その上で、「オレ、ボク」と共起することが多い単語が男性語的、「アタシ」と共起することが多い単語が女性語的だとして、多くの語について「男女度」を示している。

以下、表6.3にそれぞれの単語とその男女度を示す。

荻野（2014）では、86語について男女度を示してあるが、表6.2では、そのうち値が小さい方から10語、大きい方から10語を示した。男女度は、小さい方が女性的、大きい方が男性的である。

表6.2を見ると、女性語的なものは、確かにかわいらしい語が並び、いかにも女性が使いそうである。一方、男性語的なものは、ちょっと下品で俗語的な感じの語が多く、力と勢いがある男性が使いそうである。

このように、自称詞や終助詞に限らず、ありとあらゆる単語に「男女度」があるという考え方がある。実際には、男女度が中間的なもの（男女ともに使う語）が多く、それらは男性語でも女性語でもないといえる。しかし、両端には明らかに男性語・女性語と見られる単語が並ぶものである。

日本語には話し手の男女差があるが、男女差はなぜあるのだろうか。何を表してるのだろうか。

女性の声が高いというような場合は、男女の声帯の長さの違いであり、生理的な違いを反映している。しかし、言語表現の場合は、そのようなものは

表6.3 いくつかの語の男女度

女性語的		男性語的	
1.000	あらまあ	73.655	選手
13.507	かわいい	74.656	バカ野郎
16.282	とっても	74.865	非常に
18.415	いっぱい	75.020	国民
19.128	砂糖	75.829	メシ
26.494	きれい	76.148	おふくろ
27.945	おいしい	77.238	政治
28.618	嬉しい	78.190	丼飯
29.118	好き	79.632	腹一杯
30.175	すごい	86.000	お袋

第6章 社会言語学——人によってことばの使い方はどう違うの？

無関係であり、男女の機能差、関心の違いを反映しているように思われる。

表6.2の単語群についていえば、女性語側には「砂糖」という調味料に関する語が位置している。日本では、女性のほうが料理に関わることが多いのではないか。男性語側にも「メシ、丼飯」のような食べ物が位置しているが、男性はこういう食べ物を食べることが女性よりも多いのではないか。女性語側にはひらがなで書かれる形容詞がたくさん並び、男性語側には漢字で書かれる名詞が並ぶ。女性のほうが柔らかい言い方を好み、男性のほうが固い言い方を好むのではないか。つまり、これらは男性と女性がどういう存在かを文化的に特徴づけているものであり、ジェンダーの反映であるといえるのではないか。

図6.3で、男性がジブンを使い、女性がウチを使い始めているのも、男性が固い言い方を、女性が柔らかい言い方を好むという一般論に関連づけて解釈していいかもしれない。

さらに、そのような言い方を「男らしさ・女らしさ」に関連づける見方もできそうだ。最近は、こういう言い方がジェンダーバイアスの一種だということで使われなくなりつつあるが、言葉の男女差を見る一つの視点として、今でも有効な面があるように考えられる。

このような言葉の男女差はなくなるのか、なくならないのか。男女差が少なくなる面も指摘されているが、一方では、新しい男女差も生まれており（発見されており）、全体としてはなくならないといえるのではないか。

◇ 6.3　聞き手の属性差——聞き手敬語のとらえ方 ◇

ここまでは、話し手がどういう人かによって使われる言語表現が変わってくる例を示した。

日本語では、話し手と同様に、聞き手がどういう人かによっても使われる言語表現が変わってくる。その典型的な例が敬語であり、特に聞き手に対する敬語がそれにあたる。

どんな人に対してどんな敬語表現が使われるのかを見てみよう。

図6.4は、2003-2004年に東京都立大学のチームが東京都文京区で行った敬語調査の結果である。面接調査で448人から回答を集めることができた。この調査では、聞き手を8種類設定して、それぞれの人に「知っているか」と尋ねるときの言い方を質問した。回答は100種類以上のバラエティがあったが、図では、それを4種類に大分類して示している。うまくこの4分類に収まらないもの（ワカッ

6.3 聞き手の属性差——聞き手敬語のとらえ方

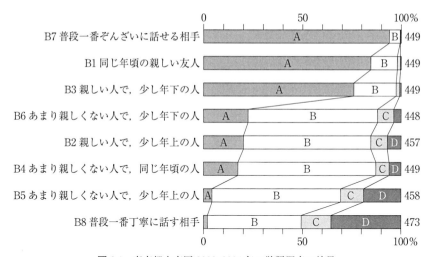

図 6.4 東京都文京区 2003-2004 年の敬語調査の結果
■A=シッテル類、□B=シッテマス類、□C=シッテオリマス類、■D=ゾンジテオリマス類。

テイマスカなど)は省略してある。

図 6.4 を見ると、B7、B1、B3 のように比較的ぞんざいに話す相手には「シッテル類」が多く使われる。B6、B2、B4 のような中間的な相手には「シッテマス類」が多く使われる。B5、B8 のように丁寧に話す相手には(「シッテマス類」も使われるが)「ゾンジテオリマス類」が使われるようになる。

このように、聞き手がどんな人かによって、使われる表現が異なっている。それぞれの表現は、聞き手に対する待遇レベル(「丁寧さ」ととらえてもよい)が異なっている。なぜならば、それぞれの聞き手に対する待遇レベルが異なるからである。すなわち、待遇レベルが異なる聞き手に対して待遇レベルが異なる表現を使い分けている。使い分けているということは、それぞれの聞き手に対して、適切な待遇レベルの表現を選んで使っているということである。これが聞き手に対する敬語の本質である。

どんな聞き手に対してどんな表現を使って待遇するか。これが聞き手に対する敬語行動である。聞き手に対する敬語行動を分析していくときは、図 6.4 のように聞き手と敬語表現の関係をとらえ、それから見られる傾向を探っていくことになる。しかし、図 6.4 は 4 つの表現が 8 本の帯グラフに現れる形をしており、ここから傾向を読み取るのはかなりむずかしい。そこで、大きく 2 つの見方に分け、

それぞれを分析するとよい。一つは、どんな表現が待遇レベルが高く、また低いかということである。もう一つは、どんな聞き手を（どれくらい）高く待遇し、また低く待遇するかということである。

表現の分析であれば、デスマスがつかない表現は待遇レベルが低い（デスマスがつくと待遇レベルが高くなる）とか、謙譲語形は待遇レベルが高い（謙譲語形を使わないと待遇レベルが低くなる）などという分析結果が得られる。こんなことは、調査をしてみるまでもなく、常識だといわれてしまうかもしれないが、図6.4は、多様な表現を大まかに4つにまとめたものであることを思い返してほしい。こういう表現の統合をせずに、得られたままの表現形式で分析すると、もっと細かいレベルの傾向が取り出せるものである。たとえば、「知っています」と「知ってます」を比較して、「い」の有無が待遇レベルにかかわっているか否かが分析できる。かかわっているならば、「い」は聞き手敬語としての機能を果たしていることになる。

聞き手の分析もまた興味深いものがある。図6.4では、上下の両端を除いた6種類の聞き手が親疎と年齢の上下を組み合わせて設定されている。そのため、親疎と年齢の上下のどちらがどれくらい待遇レベルの高さにかかわるかといった分析ができる。

◇ 6.4　社会言語学の考え方と計量的な見方 ◇

ここまで、話し手の属性として年齢や性別によってどんなふうに言葉遣いが異なるか、また聞き手がどんな人かによって使われる敬語表現がどう違ってくるかを見てきた。ここにあげた例は、あくまでも例に過ぎない。現実の社会で行われる言語行動はもっとずっと複雑であり、さまざまなレベルの多様性に満ちている。

今回は、具体的に論じなかったが、類義語の使い分けなどもおもしろい問題を提起している。たとえば、同じく米を炊いて食べられる状態にしたものでも、めしというか、ごはんというか、ライスというかでニュアンスが違ってくる。和語・漢語・外来語という語種の違いが関係している。朝顔、アサガオ、あさがおは、同じ語の表記のゆれと考えられているが、文脈によってどの表記が使われるかが違っており、たとえば保育園の名前では、圧倒的に「あさがお保育園」である（くわしくは荻野（2016）参照）。

多様性をきちんと記述することは、かなり困難な問題ではあるが、人々の生活にもかかわる重要な問題である。多様性の研究は、社会言語学の重要な一側面で

あり、今後さらに研究が深化していくであろう。

言語現象のとらえ方には言語体系的な見方と言語行動的な見方がある。従来の言語研究は言語体系的な見方を中心にしてきた。社会言語学は言語行動的な見方に立脚している。

多様性の研究は、どちらかというと言語行動的な研究と親和性がある。類義語や表記のゆれといった問題も、言語体系としては簡単な記述で十分かもしれないが、言語行動、つまりことばの使い方とかかわる面まで含めないと、正確な記述はおぼつかない。

言語体系的な見方では、0か1かの質的な問題（ある言い方があるかないかなど）を扱うことが多い。一方、言語行動的な見方では、0から1までの量的な（つまり確率的な）問題（どちらを使うことが多いかなど）を扱うことが多い。

多様な現象を研究対象にする場合、量的な問題になってくると、どうしても大量のデータを集め、分析していくことが必要になってくる。大量データを扱った研究というと、たくさんの人に質問する質問調査と、大規模なコーパスを使ったコーパス調査が考えられる。いずれの調査も、言語の多様性・複雑性を客観的・数量的に把握し、記述することが目的である。この点で、社会言語学と計量言語学は相通じるところがある。

ことばを仕組みや体系としてとらえるだけでなく、人間がそれを使って行動するありさま（誰が誰にどんな言い方でコミュニケーションをするか）も重要であり、研究対象になる。それが社会言語学である。社会言語学の分野でも計量的な見方が一般化・常識化することを願っている。

■ 練習問題

6.1 平成7年以降、文化庁国語課が毎年行っている「国語に関する世論調査」は質問内容と結果のすべてがわかる報告書が出ている。それらの中から男女別、年齢別の集計結果を見ながら、どんな男女差や年齢差があるかをまとめよう。

6.2 GoogleやYahoo!の検索エンジンで、男女差の大きい表現を入力し、多くの用例を検索し、それらの用例が男性によって書かれたものか、女性によって書かれたものか、集計し、「男女度」を検討してみよう。特に、ブログ記事だと、プロフィール欄や他の記事などで書いた人の性別がわかる場合も多い。

6.3 国立国語研究所の報告書「敬語と敬語意識」（昔から今まで3冊刊行されている）を読み、本書で示した聞き手敬語のとらえ方との違いを考えよう。

第6章 社会言語学——人によってことばの使い方はどう違うの？

■ 参 考 文 献

荻野綱男（2007）「最近の東京近辺の学生の自称詞の傾向」計量国語学 25 巻 8 号　pp.371-374

荻野綱男（2014）『ウェブ検索による日本語研究』朝倉書店

荻野綱男（2016）「表記のゆれと単語の意味・用法の違い——朝顔・アサガオ・あさがおを含む複合語を例に——」語文第 155 輯　pp. 左 1-8

塩田雄大（2010）「全国アナウンサー音声調査の結果報告—アクセント辞典改訂専門委員会（第 4 回）から—」放送研究と調査第 60 巻第 5 号　pp.46-55

塩田雄大（2011.3）「『NHK 日本語発音アクセント辞典』改訂 調査結果にもとづく作業方針の検討—アクセント辞典改訂専門委員会（第 5 回）から—」放送研究と調査第 61 巻第 3 号　pp.102-113

文化庁国語課（1996）『国語に関する世論調査（平成 7 年 4 月調査）』大蔵省印刷局

文化庁国語課（2006）『平成 17 年度 国語に関する世論調査（平成 18 年 2 月調査）』国立印刷局

馬瀬良雄（1983）「東京における語アクセントの世代的推移」井上史雄（編）『《新方言》と《言葉の乱れ》に関する社会言語学的研究』科学研究費報告書（自家版）　pp.93-142

第7章 方言

田中ゆかり

関西人は「いつでもどこでも関西弁」って本当？

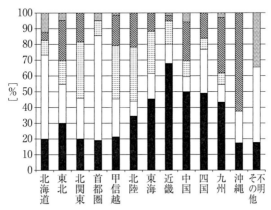

図7.1 生育地地域ブロック別の各群への所属確率

■：積極的方言話者、□：共通語話者、▦：消極的使い分け派、▨：積極的使い分け派、▩：判断逡巡派

表7.1 「方言」「共通語」に関する意識に基づく話者類型

クラス1	積極的方言話者	生育地方言が好きでどの場面でも方言を使う。共通語使用意識も使い分け意識も低く、共通語は嫌い：近畿・中国・四国
クラス2	共通語話者	どの場面でも共通語を使い、共通語が好き。方言と共通語の使い分け意識は低い：共通語話者：首都圏・北海道
クラス3	消極的使い分け派	生育地方言は好きだが方言使用はどの場面でも消極的。共通語が好きというわけでもなく使い分け意識も高くない：北関東・甲信越・北陸・東海
クラス4	積極的使い分け派	5クラス中生育地方言好きがもっとも多い。家族・地元に対しては方言を使うが、非地元に対しては使わない。共通語が好きで使用意識も高く、使い分け意識も高い：沖縄・九州・東北・中国
クラス5	判断逡巡派	すべての質問に対して「わからない」という回答が多い：その他・不明、北海道

「方言」といえば、「関西弁」を思い浮かべ、「関西人」といえば地元でもヨソでも「関西弁」を話している、そんなイメージを持っている人も少なくないだろう。「○○は××だ」というような、固定化された結びつきによってある現象を単純

第7章　方言——関西人は「いつでもどこでも関西弁」って本当？

化して捉えるという行動は、日常生活のなかでもしばしば観察される。このような単純化された固定的概念やイメージのことをステレオタイプ（stereotype）と呼ぶ。ステレオタイプのなかには、事実がゆがめられ、あるいは拡大解釈されて形成されたものや、事実とは異なる単なる思い込みによるものもあり、それらは差別の温床となることも多いので、ステレオタイプを鵜呑みにすることは危険である。しかし、なかにはかなりの程度現実を反映したステレオタイプも存在する。

「関西人はいつでもどこでも関西弁」は、言語ステレオタイプ、とくに方言と共通語の使い分けにまつわるステレオタイプの一種だが、この捉え方は、単なる思い込みレベルのものなのだろうか。それとも、かなりの程度事実を反映したものなのだろうか。言語意識調査データの計量的研究から、そのことを確かめてみよう。

図7.1 と表7.1 は、方言と共通語の使い分けに関する言語意識調査から導き出された回答者のタイプとそれに基づく地域差を示したものである。

この分析に用いたデータは、2010年に実施した言語意識調査によるもので、無作為抽出した全国16歳以上の男女 1,347 人（回収率 32.1％）の回答からなる。言語意識調査の質問内容をもう少し具体的に説明すると、地元の方言や共通語に対する好悪や、それらの使い分け意識、家族や地元の友人・地元以外の友人に地元の方言を使うかどうかなどである。図表は、それら複数の質問の回答を総合的に解析した結果である[1]。

ここで示したように回答者は5つのタイプに分かれる。図7.1 からは、12 の地域ブロックごとに5つのタイプへの所属確率が異なることが確認できる。

5つのタイプがどのような回答傾向を示すものであったのかついては、表7.1 に詳しく示した。それを踏まえ、5つのタイプをさらにわかりやすく説明すると、クラス1から順に「いつでもどこでも地元方言タイプ」「いつでもどこでも共通語タイプ」「しぶしぶ使い分けタイプ」「きっぱり使い分けタイプ」「何を聞かれてももやもやタイプ」ということになる。

図7.1 の「関西人」の居住する地域ブロックである近畿に注目すると、「いつでもどこでも地元方言タイプ」である「クラス1：積極的方言話者」が70％近く（68％）を占めており、これが近畿ブロックの最大の特徴となっている。このデータ

---

[1] 複数の言語意識項目の総合的な解析には「潜在クラス分析」という手法を用いている。調査そのものや、分析過程、分析手法などについてもう少し詳しく知りたい場合は、田中ゆかり（2012）、田中ゆかり・前田忠彦（2012；2013）などの文献を参照してほしい。

においては、「関西人はいつでもどこでも関西弁」というものの捉え方は、「約70％の確率で正解」ということになり、この言語ステレオタイプは、単なる思い込みレベルを超え、近畿ブロックに居住する人々の言語意識をかなりの程度反映したものであるということがわかる。

　言語意識のようにとらえどころのないように感ずるものでも、ここで示したように質問紙を用いて回答を求め、その回答を計量的に分析し、前掲のように図表化することなどを通して目に見えるものとしながら、検証をしていくことが可能になる。

　計量的な方法では、量的なデータを何らかの手法に基づき分析し、その結果を踏まえ、結論を導き出す。適切な計画に基づき採取された量的データを、適切に処理・分析することによって、直感の証明や否定を客観的になすことが可能となる。ときには、人間の主観を排することによって、新しい知見をデータが指し示すこともある。

　データから情報を引き出すには、訓練も必要だが、いったんその考え方とスキルを獲得してしまえば、単なる数字の羅列でしかなかったデータからさまざまな声が聞こえてくる。図表は、ある意味そのデータの声を目に見えるかたちに表現したものということもできる。

　以下では、本章の取り扱う「方言」とそれと対比的な概念である「標準語」「共通語」とは何かということを確認し（7.1節）、「方言」に関連する計量的研究を紹介する（7.2節）。

◇ 7.1 「方言」とは何か？ ◇

7.1.1 「方言」と「言語」

　「方言」とは何か、というところからまず始める。

　あるひとまとまりのことば（言語変種：language variation）を取り上げ、それを「言語（language）」と呼ぶか「方言（dialect）」と呼ぶかについては、以下の二つの観点のいずれか、あるいは両方に基づき選択される。一つは「言語的距離」に基づく考え方（abstand：language by distance）、他方は「政治的・文化的観点」から異なる言語として捉える考え方（ausbau：language by extension）である（Trudgill (2003)）。

　前者に立つと、比較する言語変種間に大きな言語的差違の認められるようなケースを言語的距離が遠いといい、そのことにより互いを「言語」として捉える。

互いの言語変種でもってコミュニケーションがしにくいようなケースが、これに該当する。互いに異なる言語変種を用いながらも、コミュニケーションがある程度可能なものどうしは言語的距離が近いとみて、それらを「方言」として捉えるという考え方である。

一方、言語的距離の遠近とは別に双方の言語変種に付随する政治的・文化的背景が異なるものを互いに「言語」と呼ぶ。これが後者の考え方である。

沖縄地方のことばが、ときに「沖縄方言」「琉球方言」と呼ばれ、ときに「沖縄語」「琉球語」と呼ばれることがあるのは、そのためである（ロング（2015））。

7.1.2 「地域方言」と「社会方言」、「方言」と「標準語」「共通語」

「方言（dialect）」は、その「方言」の話し手の属性に注目すると、「地域方言（regional dialect）」と「社会方言（social dialect/sociolect）」の二つに大きく分けることができる。前者は、その方言話者がどこで生まれ育ったのかということによる言語的差違に注目したものであるのに対し、後者は方言話者の社会的属性（性、職業、階層、民族など）に基づく言語的差違に注目した分類である。どちらも重要だが、本章では前者の「地域方言」に主として注目する。

話者の生まれ育った土地（生育地）に基づく「方言」と、その対比的概念である「標準語（standard language）」「共通語（common language）」の定義を『言語学大辞典 6 術語編』（亀井ほか編著（1996））から確認しておく。

・方言：在来の土地のことば
・標準語：文法・語彙・音韻の各面にわたって規範的統一性を有し、公文書、文学、教育、新聞、放送などに用いられる言語。外国人への教育対象ともなる言語である。
・共通語：言語・方言を異にする二つ以上の集団の成員間でのコミュニケーションに使われる言語

現代の日本語社会では、多くの場合、「共通語」は日本全国で通じることばとしての「全国共通語」を指し、話しことばとしてはNHKのアナウンサーがニュース番組で原稿に基づく発話をしている際に用いることばと受けとめられている。すなわち「共通語」は、「全国に通ずるだけでなく、公式な場で用いることが前提として考えられている日本語」として受容されているということになる。日本には国家が定める「標準語」は存在しないが、この意味における「共通語」が、事実上の「標準語」として認識されているといっていいだろう。ただし、「標準語」

には戦前までの「標準語政策」とそれに伴うイデオロギー色、すなわち統制・抑圧といったイメージが付随しており、それが嫌われ、戦後、国立国語研究所が仮設した概念である「共通語」ということばが、「標準語」とほぼ同じ意味で用いられることが多くなったとされる（柴田（1977））。

各種の研究においては「標準語」「共通語」どちらのことばも使用されるが、基本的にいずれの場合も先に述べた「全国に通ずるだけでなく、公式な場で用いることが前提として考えられている日本語」のことを指すと理解してほしい。

また、「方言」といったときに一般にはこの「共通語」と形式または意味の異なる語彙のみを「方言」と捉えることが多いようだが、それは「俚言」と呼ばれるもので、「方言」という言語体系の一部をなすものに過ぎない。「方言」は、そのような「俚言」だけではなく、「共通語」と形式・意味を同じくするものも含めてひとまとまりの言語変種として成立しているのである。

7.1.3　日本語の方言はいくつあるのか？

日本語の方言はいくつあるのだろうか。

究極的には言語変種はひとりひとり異なるので、人数分「方言」はあるという考え方もできるが、ここでは日本語の方言を区分する考え方として、もっともよく知られたものを紹介し、それに代えたい。

各地の方言は、音韻・アクセント・語彙・文法などの言語的特徴に基づき特徴づけられる。その言語的特徴の類似度の観点から研究者が主観的に分類した区画のうち代表的なものが図7.2（東條（1954））である。言語的特徴の類似度に加え、近世期から近代にかけての行政区画も反映させた総合的なものとして知られている。そこでは、日本語の方言は16に小区分されている。

言語的特徴の類似度に主として基づくこの方言区画は、冒頭に確認した言語意識とも大きく関連している。地域差は、言語的特徴だけではなく、日本語社会で暮らす人々の言語意識や言語行動、言語イメージにも認められるのである。

第7章 方言——関西人は「いつでもどこでも関西弁」って本当？

図 7.2　日本の方言区画（東條 (1954)）

・本土方言（13区画）
　　東部方言：　北海道／東北／関東／八丈島／東海東山
　　西部方言：　近畿／北陸／中国／雲伯／四国
　　九州方言：　肥筑／豊日／薩隅
・琉球方言（3区画）
　　　奄美
　　　沖縄
　　　先島

◇ 7.2　計量的な手法を用いた「方言」研究 ◇

　「方言」研究は、「方言」の体系（system）または動態（movement）を記述することを目的としたものが多い。地域による違いや時代などによる変化、あるいは回答者の性・年齢、職業などの社会的属性による違いを捉える目的で、「どのような部分」が「どの程度」「どのように違うのか」、あるいは「どのように変化しているのか」ということを量的観点から捉えた研究が数多く存在する。

　方言は「生活の中で使われるリアルな日常のことば」であり、包括的な人間活動を捉えるのに格好の素材である。そのため、方言研究には人間活動の追求を目指し、あらゆる分野の理論・手法を適用した研究があふれている。具体的にどのような研究があるのかを知るには、日本方言研究会編（2005）『20世紀方言研究の軌跡』（国書刊行会）を見るといいだろう。地域・分野別に先行研究が列挙されている。自分の関心に従った検索が可能な上、地域・分野による論文生産量の違いなども一目瞭然である。日本方言研究会では年に2回研究大会を開催しており、その折には研究発表予稿集を発行している。最新の動向などを捉えるには、同研究会サイト（http://dialectology-jp.org/）や研究発表予稿集、年に一度発行される機関誌『方言の研究』などにアクセスするとよいだろう。

　そのようなわけで、計量的手法を用いた研究の蓄積も方言の分野にはきわめて多く存在する。方言の計量的研究の具体例や傾向性については、計量国語学会編（2009）『計量国語学事典』（朝倉書店）の「7. 方言」を見るとよい。

　方言に関する計量的研究について、ここで網羅的に紹介することは困難なので、以下では計量的手法を用いた方言研究のうち、「方言」を「共通語」と対比する視点から捉えた研究に絞り、紹介する。

7.2.1　「標準語形」の分布から見た地域差——差違を捉える研究①

　「標準語形」がどのように分布しているのかという観点から、地域差を検討したものに河西（1981）と真田（1983）がある。どちらも『日本言語地図』1-6（国立国語研究所、1966-1974）のデータに基づくものである。『日本言語地図』は、全国2,400地点で生育した調査終了予定の1963年当時60歳以上（1903年以前の生まれ）となる男性を対象とした、調査票を用いた面接調査に基づき作図された言語地図である。そのデータは、「20世紀後半の平均的日本語よりやや古い層」（国立国語研究所（1966））を写したものと考えられている。

第 7 章 方言——関西人は「いつでもどこでも関西弁」って本当？

　図7.3（河西（1981））は、『日本言語地図』全300枚から82枚を取り上げ、標準語形の出現する地点数を数え、都道府県ごとに標準語形出現率を求めたものである（東京都に所属する島嶼部は島嶼部として独立させ数値を算出）。図7.3で用いられた82枚の地図は、①音声項目、②いくつかの項目をまとめて検討した総合図、③アカイを「明るい」の意味で使うかのように形式を示して特定の意味で使うか質問したもの、④ほぼ標準語形しか分布しないもの、⑤標準語形がほとんど出現しないものなどを除いた地図である。よって、概ね語彙についての標準語形分布率に基づく研究ということになる。

　図7.3では色が濃いほど標準語形分布率の高い地域ということになる。図7.3からは、現代の首都である東京を中心とした地域で標準語分布率が高く、東京から離れるほど分布率は低くなっているようすがうかがえる。ここからは、標準語が東京を中心とした関東圏の方言を基盤とするものであることがわかる。一方、北海道が関東圏並の標準語形分布率の高さを示していることが目にとまる。北海道

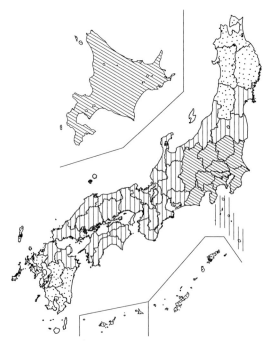

図 7.3　標準語形の出現率（河西（1981））
　🮀：50.0～69.9%、▥：30.0～49.9、⋮：10.0～29.9、☐：10%未満

は、主として近世期以降の本州からの移民によって形成された土地で、そのため早くから自然に成立した「北海道共通語」の分布する地域であることがこの図から浮かび上がる。

図 7.4（真田 (1983)）は、『日本言語地図』の全 300 枚から標準語形が全体の分布において 50％を超える項目を抽出し、都道府県別に標準語形が 90％以上を占める項目数を円の大きさで示したものである。大きな円が布置された都道府県ほど、標準語占有率の高い地域ということになる。

図 7.4 では、現代の共通語基盤方言分布域である関東圏に大きな円が集中しているが、関西圏にも比較的大きな円の集中的分布が認められる。これは、現代の共通語に、かつて都が置かれていた上方のことばがかなりの程度含まれていることを示すものである（徳川 (1978)）。この標準語占有率という観点に立つと、北海道は標準語分布地域とは言いがたく、首都圏と大きく様相を異にするということも確認される。

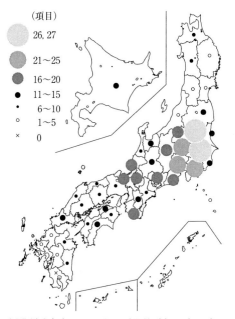

図 7.4 標準語分布率 90％以上の項目数（真田 (1983) による）

7.2.2 「共通語」への心理的距離から見た地域差——差違を捉える研究②

7.2.1項では各地における具体的な方言語彙の標準語形との一致率から見た地域差を確認した。ここでは、「共通語」に対する心理的距離の観点からは、また別の地域差が観察されるという研究を紹介する。

図7.5（米田（1999））は、1994年から1995年にかけて14都市2,800人の有意抽出された若中高年層を対象に「自記留め置き式」（調査票を事前に配布、回答者自身に記入してもらった後に回収）で実施された言語意識調査データに基づくものである。

「あなたは共通語が好きですか、嫌いですか」という質問に対して「好き」という回答の割合を各都市における「共通語」との心理的距離とみなしている。

図7.5では、各都市の実際の位置を×で、心理的距離を当該都市と東京からの直線距離に置き換えた位置に◯で示している。心理的距離は、1を各都市の「好き」の比率で割り逆数を求め、それに230を乗じて算出されている。230というのは、東京から全14都市までの直線距離の平均565 kmを逆数の平均2.457で割った数値ということである。

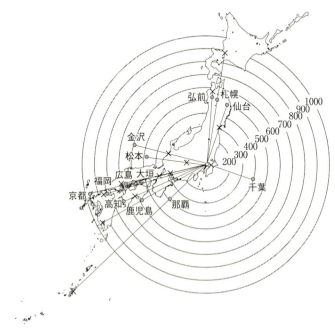

図7.5 共通語への心理的距離（米田（1999）による）

図 7.5 からは、那覇（沖縄県）・千葉・松本（長野県）が共通語への心理的距離が近く、伝統的な都である京都がもっとも遠くなっていることがわかる。那覇を除くと全体的に西日本の都市は心理的距離が平均値の 565 km より遠く、東日本の都市は平均値より近いこともわかる。7.2.1 項で見た共通語との言語的距離とは別の地域差が浮かび上がる。

7.2.3 共通語能力の獲得——変化を捉える研究

前節はある時期における「方言」と「共通語」に関する違いについて量的に把握したものを紹介した。

ここでは、一定の時間の流れの中において観察される「変化」を量的な観点で捉えた研究を紹介する。方言主流社会における共通語運用能力の獲得という変化に注目した研究である（統計数理研究所・国立国語研究所 (2014)）。

国立国語研究所では、1950 年から約 20 年おきに山形県鶴岡市に居住する 15 歳以上の男女を対象とした共通語運用能力についての無作為抽出による対面インタビュー調査を計 4 回実施している。

このデータは、各回調査における年齢差を「見かけの時間」(apparent time) とみなし、通時的変化をたどるデータとして見ることもできるし、各回調査間の比較をすることによって「実時間」(real time) を反映した「変化」をたどるデータとして見ることもできる。

鶴岡市は山形県庄内地方に位置する市で、江戸時代には庄内藩の城下町として栄え、有数の米どころとしても知られる。当該地方言は東北方言に区分されており、方言主流社会として位置づけられている。各回の調査年等は下記の通りである（( ) 内はサンプル数、冒頭の記号は図 7.7 中の記号）。

　○第 1 回：1950 年（496 人）[2]
　△第 2 回：1971 年（401 人）
　□第 3 回：1991 年（405 人）
　×第 4 回：2011 年（466 人）

鶴岡調査では音声・音韻、アクセント、語彙、文法、言語意識など多岐にわたる項目が調査されているが、ここでは、音声・音韻項目を取り上げる。

---

[2] 図 7.7 中では 1951 年。

第7章 方言——関西人は「いつでもどこでも関西弁」って本当？

音声・音韻項目は31項目で、その具体的な内訳は次の通りである。伝統的な鶴岡方言音声として実現された場合を想定した区分に従い示す（下線部は方言音声の出現が想定されている部分）。

① 合拗音 kwa： ス<u>カ</u>（西瓜）／<u>カ</u>ヨウビ（火曜日）
② ハ行の両唇性： <u>ヒ</u>ゲ（髭）／<u>ヘ</u>ビ（蛇）／<u>ヒ</u>ャク（百）
③ 「せ」「ぜ」の口蓋化： <u>セ</u>ナカ（背中）／ア<u>セ</u>（汗）／<u>ゼ</u>イムショ（税務署）
④ 語中の有声音化： ク<u>チ</u>（口）／ハ<u>チ</u>（蜂）／ハ<u>ト</u>（鳩）／ネ<u>コ</u>（猫）／ハ<u>タ</u>（旗）／ク<u>ツ</u>（靴）／カ<u>キ</u>（柿）／マ<u>ツ</u>（松）
⑤ 有声音の前の鼻音化： マ<u>ド</u>（窓）／ス<u>ズ</u>（鈴）／オ<u>ビ</u>（帯）
⑥ 母音ウの中舌化： チ<u>ズ</u>（地図）／ス<u>ミ</u>（墨）／カラ<u>ス</u>（烏）／キ<u>ツ</u>ネ（狐）
⑦ 母音イの中舌化： チ<u>ジ</u>（知事）／<u>シ</u>マ（島）／カラ<u>シ</u>（辛子）／ウ<u>チ</u>ワ（団扇）
⑧ 母音エの狭母音化： <u>エ</u>キ（駅）／<u>エ</u>ントツ（煙突）
⑨ 母音イの広母音化： <u>イ</u>キ（息）／<u>イ</u>ト（糸）

調査では、事物の描かれた絵カードを回答者に提示し、発音を求めた。絵カードを提示しても回答がうまく得られない場合、口頭でヒントを提示し回答を求める方式で行われた。たとえば、図7.6の絵カードを示し、「ヒゲ」部分を指差し回答を求め、うまくいかない場合、「はえているのは？」というようなヒントを出すという調査方法である。

「汗」のような絵カードで示すことが困難なものについては、絵カードを用いず、「夏、働くと背中からだらだら流れるものを何とおっしゃいますか」のような「なぞなぞ式」で回答を求めている（統計数理研究所・国立国語研究所（2014））。

いずれも、調査員が当該の項目を共通語で発音してしまうことによって、回答を共通語に誘導しないための工夫である。

共通語的発音がどの程度なされたのか、ということを調査年と回答者の生年に基づく10歳きざみのグループ（図中「生年コウホート」）別に共通語的発音の出現率を算出し、それを「音声得点」として示したものが、図7.7である。

図7.7からは、調査年・生年が近年になるほど「音声得点」が高まっていることがわか

図7.6 「髭」の絵カード（統計数理研究所・国立国語研究所（2014））

7.2 計量的な手法を用いた「方言」研究

る。1971 年調査時の最若年層である 1952 年から 1961 年生まれの世代になると「音声得点」は 95 を超える。以降この世代より若い世代の「音声得点」はほぼ 100 に近いものとなり、もっとも近年の調査である 2011 年では、最高年層の戦前生まれ世代（1932～1942 年生まれ）を除くと、ほぼ全世代が満点に近い得点となっていることがわかる。

1960 年代生まれ以降がほぼ満点世代となるわけで、その世代以降はほぼ完璧な「共通語運用能力」を獲得したとみなすことができる。「共通語」を全国に拡散させたメディアであるテレビの全国放送が開始されたのは 1953 年である。1960 年代生まれは、生まれたときからテレビが家庭にあったテレビ第一世代で、そのことが反映された結果と見ることもできる。むろん、テレビの普及以前に、近代以降の教育、ラジオ放送などが共通語運用能力を高めてきたことも事実で、それらが相まって 1960 年代生まれ以降が満点世代となる素地が形成された（塩田 (2016)）。

(a) 調査年別・生年コウホート別共通語化率

生年コウホート	1951	1971	1991	2011
1882-1891	37.0			
1892-1901	38.7			
1902-1911	53.1	63.7		
1912-1921	63.6	71.8		
1922-1931	67.4	82.3	77.0	
1932-1941	60.4	85.8	87.1	88.7
1942-1951		94.1	91.1	98.6
1952-1961		95.4	96.8	99.9
1962-1971			98.5	100.0
1972-1981			98.6	99.9
1982-1991				99.9
1992-1996				100.0

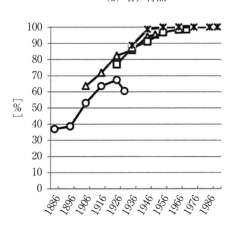

(b) 音声得点

図 7.7 鶴岡調査「音声得点」の推移（統計数理研究所・国立国語研究所 (2014)）
―○― 1951、―△― 1971、―□― 1991、―✕― 2011

◇ 7.3 おわりに ◇

本章を通じて伝えたいことは、方言と共通語にまつわる言語意識のような身近だが、なかなかかたちとして捉えることの難しいようなことも、データを採取し計量的分析を行うことによって、かなりの程度具体的に検証することが可能であるということである。

量的データをハンドリングできるようになると、目の前の事象の客観的把握と説明が可能になる。分析手法についても、データの種類や目的に応じて、基本から応用まで幅広く存在している。ひとつのデータに対する、さまざまな手法を用いた多角的検討なども可能である。計量的分析を行うことの意義は、客観的で多角的な捉え方が身に付く、このようなところにあるといってもいいだろう。日頃抱いていることばについての直感を、計量的手法を用いて確かめてほしい。

方言に限らず、身近なことばについての大規模な意識調査に文化庁が平成7 (1995) 年度から毎年実施している『国語に関する世論調査』がある。各年度の報告書もあるが、文化庁「国語に関する世論調査の結果について」(http://www.bunka.go.jp/tokei_hakusho_shuppan/tokeichosa/kokugo_yoronchosa/) において各年度のハイライトを見ることができる。日本語と日本語社会についてのさまざまなトピックが図表を用いて示されているので、閲覧を薦めたい。

■ 練習問題

7.1 田中・前田 (2012) では、図7.1の通り全国の話者は5つのタイプに分類されると同時に、地域によって主流となるタイプが異なることが示されている。近畿は"いつでもどこでも関西弁"である「積極的方言話者タイプ」が、首都圏では"いつでもどこでも共通語"である「共通語話者タイプ」が主流という結果となっている。このような結果となった理由を考えてみよう。

7.2 河西 (1981) を読み、その分析に用いられた82項目について自分自身のことばの標準語一致率を計算し、自身の標準語形一致率を自分の生育地である都道府県の一致率と比べてみよう（図7.3）。その上で、両者に差異が認められるようであれば、その理由についても考えてみよう。

■ 参考文献

河西秀早子 (1981)「標準語形の全国的分布」『言語生活』354号　pp.52-55
亀井孝・河野六郎・千野栄一編著 (1996)『言語学大辞典6　術語編』三省堂
計量国語学会編著 (2009)「7. 方言」『計量国語学事典』朝倉書店　pp.298-331
国立国語研究所 (1966)「付録A　日本言語地図解説―方法」『国立国語研究所報告30　日本言

語地図 第 1 集』大蔵省印刷局
国立国語研究所（1966-1974）『国立国語研究所報告 30　日本言語地図 第 1-6 集』大蔵省印刷局
真田信治（1983）「標準語形の分布率」『日本語のゆれ』南雲堂　pp.103-120
塩田雄大（2016）「方言とマスコミ」井上史雄・木部暢子編著『はじめて学ぶ方言学　ことばの多様性をとらえる 28 章』ミネルヴァ書房　pp.253-262
柴田武（1977）文化庁編『「ことば」シリーズ 6　標準語と方言』pp.22-32
田中ゆかり（2011）「「首都圏・北海道型」から「沖縄型」まで」『「方言コスプレ」の時代』岩波書店　pp.92-114
田中ゆかり（2012）「「方言」の受けとめかたの移り変わり」『日本語学』31 巻 11 号　pp.16-27
田中ゆかり・前田忠彦（2012）「話者分類に基づく地域類型化の試み」『国立国語研究所論集』3 号　pp.117-142
田中ゆかり・前田忠彦（2013）「方言と共通語に対する意識からみた話者の類型」相澤正夫編『現代日本語の動態研究』おうふう　pp.194-210
統計数理研究所・国立国語研究所（2014）『第 4 回 鶴岡市における言語調査 ランダムサンプリング調査の概要 資料編：第 1 分冊「音声・音韻」編』
http://www2.ninjal.ac.jp/keinen/turuoka/files/tsuruoka4_report01.pdf　（2015 年 11 月 4 日最終閲覧）
東條操（1954）「国語の方言区画」東條操編『日本方言学』吉川弘文館
徳川宗賢（1978）「標準語の成立と上方ことば」『日本人の方言』筑摩書房　pp.141-157
日本方言研究会編（2005）『20 世紀方言研究の軌跡』（国書刊行会）
日本方言研究会　http://dialectology-jp.org/　（2016 年 6 月 13 日最終閲覧）
文化庁「国語に関する世論調査の結果について」
http://www.bunka.go.jp/tokei_hakusho_shuppan/tokeichosa/kokugo_yoronchosa/
（2016 年 6 月 13 日最終閲覧）
ロング，ダニエル（2015）「方言とは何か」日本方言研究会編『方言の研究』1 号　pp.277-295
米田正人（1999）「ことばの心理的距離」佐藤和之・米田正人編著『どうなる日本のことば』大修館書店　pp.173-176
Trudgill, P.（2003）"A Glossary of Sociolinguistics" Edinburgh University Press.

第8章 日本語史

田中牧郎

昔といまでは「ことば」が違うの？

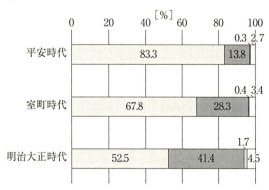

図8.1 語種比率の変遷（異なり語数）
□和語、■漢語、■外来語、□混種語

　図8.1は、第3章で学んだ語種の観点から日本語の語彙（固有名詞を除く自立語）の変遷をとらえたものである。集計は、第3章で学んだ、異なり語数によっている。図8.1から、平安時代は和語がほとんどを占めていたが、室町時代、明治・大正時代へと進むにつれて、次第に和語の比率が低下し、漢語の比率が増加していくことがわかる。外来語は、室町時代まではほとんど存在せず、明治・大正時代になってから現れる。つまり、日本語の語彙は、当初は、日本語に固有の語彙である和語が大部分を占めていたところから、時代が進むにつれて、中国語から取り入れた語彙である漢語が増大し、さらに西洋語から借用した外来語が加わっていく、という大きな流れが読み取れる。この流れは、日本語が外国語と接触しながら、その語彙を多様なものにしていったという歴史を表していると解釈できる。

　図8.1は、国立国語研究所編『日本語歴史コーパス』をもとに作成したものである。このグラフをコーパスからどのようにして作るのかについて、以下で順を追って述べていこう。

◇ 8.1　古典語の語彙調査 ◇

　図 8.1 に見られるような、語種比率の移り変わりの調査は、コーパスが作られる以前から行われていた。特に、奈良時代から鎌倉時代までの古典作品の語彙頻度を一覧にした『古典対照語い表』（宮島（1978））、『日本古典対照分類語彙表』（宮島ほか（2014））は、ゆれのない単位による統一的な基準でデータが整えられており、語彙の変遷を計量的にとらえることのできるデータとして、よく利用されてきた。前者には、作品別の語種比率をまとめた表が掲載されており、作品が増補された後者でも、付属する CD-ROM に収められている語彙頻度表を用いて同じ表を作ることができる。図 8.2 は、その作品別の語種の比率を、異なり語数

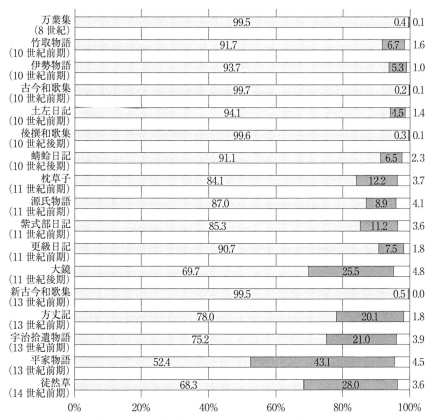

図 8.2　『日本古典対照分類語彙表』による語種比率の調査（自立語、異なり語数）
□和語、■漢語、□混種語

で示したものである。図8.1と同じように見ることができるが、『日本語歴史コーパス』では外来語と扱っている梵語（古代インド語が起源で、漢語を通して日本語に入った語）を、『日本古典対照分類語彙表』では漢語と扱っているので、図8.2では外来語はなくなっている。

図8.2を全体的に見れば、時代が進むにつれて、和語の比率が低くなっていき、漢語の比率が高くなっていっており、奈良時代から鎌倉時代という、比較的短い期間でも、和語の比率の減少と漢語の比率の増加という傾向をとらえることができる。

しかしながら、図8.2を詳しく見ていくと、次のようなことにも気づく。

① 10世紀後期の『後撰和歌集』の漢語の比率は、10世紀前期の『竹取物語』や『伊勢物語』より相当に低く、8世紀の『万葉集』と同程度である。同じく13世紀前期の『新古今和歌集』のそれも、『後撰和歌集』とほとんど変わらない。これら、和語がほぼ100％を占める『万葉集』『古今和歌集』『後撰和歌集』『新古今和歌集』は、いずれも和歌集である。

② 13世紀前期の、『方丈記』『宇治拾遺物語』と『平家物語』との間では、漢語と和語それぞれの比率に20ポイント以上もの大きな差がある。

このうち①は、和歌というジャンルは、和語だけで詠むという原則があり、それが時代を通じて変わらないことを示していると理解できる。一方、②は、同時代においても、資料の違いによっては語種比率に大きな差が生じる場合があることを示しているが、この現象が生じる理由を、資料のジャンルの性質から説明することは難しい。

◇ 8.2 『日本語歴史コーパス』について ◇

同時期に書かれたものでありながら、資料によって語種比率に大きな違いが見られる事情を掘り下げるために、『日本語歴史コーパス』を使って具体的な調査を行ってみよう。調査に先立ち、『日本語歴史コーパス』について説明する。

「コーパス」とは、ある言語を代表できるように、さまざまな種類の文章から多くのサンプルを組織的に集めて、各サンプルに関する情報（著者・ジャンル・書かれた時期など）や、サンプル中の言語に関する情報（単語・文・文における単語同士の関係など）を付与したデータベースある。これを自在に検索して得られるデータを分析することで、ある言語をマクロにもミクロにも研究できる道具として、世界の多くの言語で構築が進められている。

8.2 『日本語歴史コーパス』について

　日本語の本格的なコーパスは、2000 年頃から国立国語研究所を中心に構築が始まり、急速に普及が進んでいるが（前川監修（2013- 刊行中））。日本語史を研究するための、国立国語研究所編『日本語歴史コーパス』も、2014 年の公開開始以来拡張が続けられてきており、日本語史の計量的研究の中心資料になりつつある。2016 年 3 月現在、「平安時代編」、「鎌倉時代編Ⅰ 説話・随筆」、「室町時代編Ⅰ 狂言」、「明治・大正編Ⅰ 雑誌」の 5 種が公開されている。鎌倉時代以後は資料の種類が多様になるために、その種類ごとに、Ⅰ、Ⅱ……のように、順次、拡張されていく予定であり、ほかに、「奈良時代編」「江戸時代編」などが加わっていくと予告されている（田中（2014）；小木曽（2016））。

　このコーパスは現在、専用の Web 検索ツール『中納言』によって利用できる形で提供されており、国立国語研究所に登録を行うことで誰でも無料で利用できる。『中納言』では、次のような、「短単位」と「長単位」という 2 種類の単位で検索できるようになっている。「|」が単位の区切りを示している。

・短単位：
|いづれ|の|御|時|に|か|、|女御|、|更衣|あまた|さぶらひ|たまひ|ける|中|に|

・長単位：
|いづれ|の|御時|に|か|、|女御|、|更衣|あまた|さぶらひたまひ|ける|中|に|

「短単位」「長単位」それぞれに、「語彙素読み」「語彙素」「品詞」「語種」などの情報が付与されていて、それらのいずれによっても検索できる。「語彙素」とは様々な形に実現する語の形や表記をまとめた見出し語のことである。表 8.1 は、上の短単位の「いづれ」「の」「御」「時」に付与されている短単位の情報の一部を示したものである。たとえば、本文が「何れ」「孰れ」「いずれ」「いづれ」など、どの表記が書かれていても、語彙素読みは「イズレ」、語彙素は「何れ」という情報

表 8.1 短単位の単語情報の例

本文	語彙素読み	語彙素	品詞	語種
いづれ	イズレ	何れ	代名詞	和
の	ノ	の	助詞-格助詞	和
御	オオン	御	接頭辞	和
時	トキ	時	名詞-普通名詞-副詞可能	和

が付与されているので、その「イヅレ」や「何れ」で検索すればその語の全用例にヒットする。また、「品詞」や「語種」も、その情報を持つすべての例にヒットするので、たとえば、代名詞や和語の全用例を抽出するなどといったこともできる。なお、『中納言』の使い方については https://maro.ninjal.ac.jp/wiki/ にマニュアルがあるほか、近藤泰弘（2015）に留意点がまとめられている。

　ここでは、このコーパスの「鎌倉時代編Ⅰ 説話・随筆」に収められている『今昔物語集』を調査する。『今昔物語集』は、平安時代末期（12世紀前期）の成立だが、それが属する説話ジャンルの作品は鎌倉時代に多いため、鎌倉時代編に入れられている。まず、『日本語歴史コーパス』の『中納言』で、検索対象として『今昔物語集』の巻12と巻27を選択し、「短単位検索」で、「語種」が「漢」（漢語）であるものを検索すると、画面に「4106件の検索結果が見つかりました。そのうち500件を表示しています」というメッセージとともに、500件の用例が一覧表の形で表示される。画面表示されるのは500件だけだが、画面右上の「検索結果をダウンロード」をクリックすると、全4,106件の用例集をダウンロードすることができる。同様の手順で、「和」（和語）、「混」（混種語）についても検索してダウンロードする。

◇ 8.3　『今昔物語集』に見る文体の違いによる語種構成比率の違い ◇

　上の手順で検索してダウンロードした、『今昔物語集』巻12と巻27の、漢語、和語、混種語の全用例（巻12：17,318件、巻27：13,964件）の入ったファイルをExcelに読み込み、異なり語数で集計を行う。

　異なり語数の集計のためには、どこまでを同じ語と認め、どこからを異なる語と認めるかの、「同語異語判別」の基準を明確にする必要があるが、ここでは、コーパスに付与された「語彙素読み」「語彙素」「品詞」のすべてが同一のものを同語と認め、これらのいずれか一つでも異なるものを異語と認めることにする。同語異語判別を行って語彙を集計する作業を、Excelのピボットテーブルを用いて行う方法については、近藤明日子（2015）に解説がある。

　図8.3は、上記のような手順で得た『今昔物語集』巻12と巻27のデータをもとに、語種比率を異なり語数で集計したものである。

　図8.3から、巻12は巻27に比べて、漢語の比率が高く、和語の比率が低くなっており、その差は20ポイント以上に及ぶことがわかる。『今昔物語集』という同一作品中に、これだけ大きな落差がある理由は、それぞれの巻の文章を読んで

8.3 『今昔物語集』に見る文体の違いによる語種構成比率の違い

みると思い当たる。次に引くのは、それぞれの巻の第1話の冒頭部分を、『日本語歴史コーパス』から引用したものである。

『今昔物語集』巻12 第1話

　今は昔、越後国に聖人有けり。名をば神融と云ふ。世に古志の小大徳と云ふは此れ也。幼稚の時より法花経を受け持て、昼夜に読奉るを以て役として年来を経。

『今昔物語集』巻27 第1話

　今は昔、此の三条よりは北、東の洞院よりは東の角は鬼殿と云所也。其の所に霊有けり。其の霊は、昔し未だ此の京に都移も無かりける時、其の三条東の洞院の鬼殿の跡に、大なる松の木有けり、其の辺を男の馬に乗て胡録負て行き過ける程に、

　いずれも、古文であり、一見同じような文章に感じられるかもしれない。しかし、丁寧に読んでいくと、次のような違いがあることにも気づく。巻12の文章は、文が短く区切られていて、誰が何をどうしたというような、主語、対象語、述語が明示されながら論理的に述べられている。一方、巻27の文章は、一文が長かったり、主語、対象語、述語の対応が整っていないところがあったりと、話しことばに近い印象がある。日本語史の研究分野では、前者は、漢文を訓読する際の文体である「漢文訓読文」と呼ばれ、後者は、平安時代の話しことばに基盤を置いた文体である「和文」と呼ばれる。『今昔物語集』は、一作品の中に、漢文訓読文と和文とが混在していることから、「和漢混淆文」の文章とされている。

　図8.3に現れたような、巻12と巻27の語種比率の大きな差異は、文体の違いが反映したものと考えれば、納得がいく。漢文が基盤にある漢文訓読文では、漢語の比率が高くなり、当時の話しことばが基盤にある和文では、和語の比率が高くなるのである。日本語は、漢字・漢文を取り入れて、それを用いて日本語を書き表すようになった。その一方で、漢字を崩したり略したりして仮名を発明することで、話しことばに基

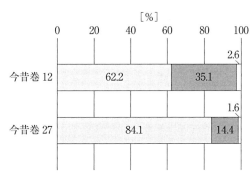

図8.3 『今昔物語集』巻12と巻27の語種比率（異なり語数）
□和語、■漢語、□混種語。

盤を置いた書きことばを展開させるようになった。このような歴史によって、漢文に由来する文体と話しことばに基盤を置く文体とが並存し、両者のことばの違いが非常に大きくなっているのである。文体の観点から日本語の歴史を述べた書に、山口（2006）がある。

　文体のほかにも、8.1 節で見た作品のジャンルや、書き手の階層、書かれた地域などによっても、ことばは異なる様相を見せることがある。このような同時代におけることばの変異のことを、日本語史研究では「位相」による違いと言う。位相差を重視して日本語史をとらえようする方向を明確に打ち出した書に、小林（2006）、金水（2010）、高田ほか（2014）がある。

◇ 8.4　話しことばに基盤を置く文章における語彙の変遷 ◇

　以上のように、同時代であっても文体をはじめ位相の違いによって、語彙が大きく異なる場合があることから、資料を時代順に並べたときに見えてくる差異が、そのまま語彙の変遷を示しているわけではないということが言えるだろう。時代による語彙の変遷を正しくとらえるには、位相をそろえて比較したり、位相の違いが時代による変遷とどう関連するかを説明したりすることが必要になる。ここでは、位相をそろえて時代間の比較を行うことを考えてみよう。

　図 8.1 で調査対象にした 3 種の資料は、実は、その点を考慮して選んだものである。それぞれの資料の基盤にあることばが、どのようなものであるかをまとめると、表 8.2 の通りである。

　日本は歴史上、政治や文化の中心地が京都から江戸・東京に移動したことから、各時代の代表的な資料を選ぶと、表 8.2 のように、基盤となることばの地域が異なってくることになる。また、政治や文化の変化により、社会階層のありようが変容し、たとえば、平安時代には貴族や僧侶以外の話しことばを反映した資料はほとんど存在しないのに対して、室町時代以降はそれらとは別の階層のことばを基盤にする資料が多くなる。したがって、地域や階層をそろえて時代間のことば

表 8.2　資料の基盤にあることば

資　料	基盤にあることば
(1) 平安時代の和文	京都の貴族の話しことば
(2) 室町時代の狂言	京都の広い階層の話しことば
(3) 明治大正時代の口語体文学	東京の教養層の話しことば

表 8.3　自立語の語種調査（異なり語数）

	和語	漢語	外来語	混種語	計
(1) 平安和文	7,378	1,222	23	235	8,858
(2) 室町狂言	5,779	2,415	35	292	8,521
(3) 明治大正口語文学	13,070	10,297	411	1,122	24,900

の比較を行うことは、資料の偏りのために、現実には難しい。位相をそろえることを考慮して選んだ表 8.1 の資料においても、地域や階層をそろえることはできていない。そろっているのは「話しことば」という部分だけである。

上記の (1) (2) (3) で調査対象にしているのは、具体的には次のものである。
(1) 『日本語歴史コーパス 平安時代編』の全体（2016 年 2 月段階で公開済みの和文 14 作品）
(2) 『同 室町時代編 I 狂言』の全体（虎明狂言集）
(3) 『太陽コーパス』のうち口語体の文学作品

(1) (2) については、コーパスに含まれる作品すべてを対象とする。それぞれ日本語史研究において各時代の話しことばを反映する代表的な資料とされているものである。(3) の『太陽コーパス』とは、国立国語研究所（2005）として公開されているものだが、2016 年秋に『日本語歴史コーパス 明治・大正編 I 雑誌』にも入れられた。ここでは、『太陽コーパス』が対象としている雑誌『太陽』から、口語体の文学作品だけを取り出して調査対象にした。これらの資料について、自立語の語種の実態を異なり語数で集計すると、表 8.3 のようになる。

この表 8.3 をもとに語種比率をグラフにまとめたのが、冒頭の図 8.1 である。この図は、話しことばに基盤を置いた文章の語彙を比較したものであり、位相差をできるだけ小さくしている点で、時代による語彙の変遷をかなりの程度映していると言ってよいだろう。

◇ 8.5　どのような漢語が増えたのか――品詞の観点から ◇

こうして、話しことばに基盤を置いた文章における語彙の変遷をとらえた図 8.1 を作ったわけであるが、この図から、漢語の比率が次第に増加していく流れがあることが確かめられた。それでは、その増加していく漢語は、具体的にどのような語なのだろうか。この問いに答えるには、資料ごとに語彙リストを作成して、リスト間の語の異同を観察することが必要になる。ところが、表 8.3 における

第 8 章　日本語史——昔といまでは「ことば」が違うの？

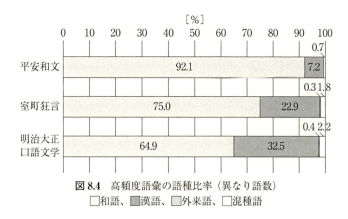

図 8.4　高頻度語彙の語種比率（異なり語数）
□和語、■漢語、▨外来語、□混種語

　1,000 語から 10,000 語にのぼる漢語全体を比較しても、その違いが大き過ぎて、変化の方向をあまり明確にとらえることはできない。語彙のどの部分に着眼して比較するかに工夫が求められる。

　ここでは、語彙というものが、頻度の高い語から、頻度の低い語まで段階的な構造をなしている性質に着眼し、高頻度語彙に焦点を合わせて、そこにどのような漢語が入ってくるのかを観察してみよう。語を頻度順に並べて、上位の語から使用率（総語数の中に占めるその語の比率）を累積した「累積使用率」が 80％に達するまでの範囲を高頻度語彙と扱う。この指標を使うことで、資料の分量が異なる (1) (2) (3) の間で、頻度の高い語彙を、同一の基準で取り出して比較することが可能になる。

　図 8.4 は、その高頻度語彙について、語種比率を計算し、グラフにまとめたものである。この図 8.4 と、語彙全体を対象とした図 8.1 を比較すると、次の 2 点が指摘できる。まず、図 8.4 は図 8.1 に比べて、どの時代でも漢語の比率が低くなっていることがわかる。これは、高頻度語彙には漢語があまり入り込んでいないことを示していよう。次に、平安時代よりも室町時代において、室町時代よりも明治・大正時代において、漢語の比率が高くなっていることがわかる。ここから、高頻度語彙においても、漢語の占める比率が時代を追って増加していく傾向があることをはっきりととらえることができる。

　それでは、高頻度語彙において次第に増えていく漢語は、どのようなものだろうか。それを品詞の観点でとらえてみよう。図 8.5 は、高頻度語彙における漢語について、その品詞比率をグラフにしたものである。『日本語歴史コーパス』に付

8.5 どのような漢語が増えたのか――品詞の観点から

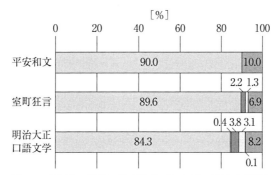

図 8.5 高頻度の漢語の品詞比率（大分類）（異なり語数）
☐名詞、☐代名詞、■形状詞、☐副詞、☐接続詞、■接辞。

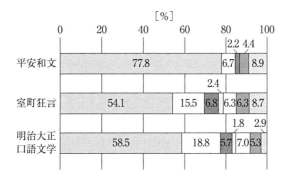

図 8.6 高頻度の漢語名詞の品詞比率（中分類）（異なり語数）
☐一般、☐サ変可能、■形状詞可能、☐サ変形状可能、☐副詞可能、
■助数詞可能、☐数詞

与された、品詞情報は、大分類・中分類・小分類の3階層からなるが、ここでは大分類によって集計した。図8.5の通り、いずれの資料も名詞が80％以上を占めている。

そして、図8.6は、名詞の内訳を中分類によって整理した結果を集計したものである。図8.6から、「サ変可能」「形状詞可能」「副詞可能」の3つが増加傾向にあることが確かめられる。特に、平安時代から室町時代にかけての変化が大きい。サ変（形状詞・副詞）可能とはサ変動詞（形状詞・副詞）用法を持つという意味であり、漢語名詞のサ変用法、形状詞用法、副詞用法とは、それぞれ次の例のようなものである。

① あながちに情深う<u>用意</u>したまへり。(源氏物語・夕霧)
　　現代語訳：努めて親切に気をつかっておられる
② うちしめりたる宮の御けはひも、いと<u>艶</u>なり。(源氏物語・蛍)
　　現代語訳：しっとりと静かな宮の御気配もまことに優艶な感じである
③ いやそれは<u>一だん</u>めでたひ事じゃ、(虎明本狂言集・やくすい)
　　現代語訳：いやそれはとてもめでたいことだ

　サ変動詞や形状詞で使われるということは、上の例で「用意したまへり」「艶なり」がそうであるように、述語として使われるということである。また、副詞で使われるものは、上の「一だん」がそうであるように、述語に直接係り、述語と一体化していると見ることができる。そのような、文における重要な位置で使われる、高頻度語彙において、漢語が占める比率が増加しているわけである。これは、日本語の語彙における漢語の位置が、質的にも重要なものになっていく流れがあったことを示していると見ることができる。量の変化の考察から質の変化を見出していく研究へとつながっていくのである。

◇ 8.6　ま と め ◇

　本章では、語種の観点を中心に、時に品詞の観点も交え、日本語の語彙の変遷をとらえる工夫について述べた。語種や品詞以外にも、語彙を計量的にとらえるのに有効な観点は多いし、語彙に限らず文法や表記などを計量的にとらえ、日本語の歴史を考えることは重要である。本章で述べてきたように、資料を単に時代順に並べて比較するだけでは日本語の歴史をとらえることにはならない。資料の選び方や数えることばの定め方に工夫が必要とされる。本章で言及した参考文献からわかるように、日本語史研究の視野は近年拡大してきており、位相を考慮した研究が必要とされている。一方で、『日本語歴史コーパス』の拡張が進んでおり、これを用いることで、計量的方法による日本語史研究は、急速に進展することが見込まれる。読者には、柔軟な見方でコーパスを活用し、さまざまな計量調査を実行し、新しい研究に挑戦してほしい。

■ 練 習 問 題
8.1　『日本語歴史コーパス』で、任意の資料を選び、語種比率のグラフを描いてみよう。
8.2　『日本語歴史コーパス』で、任意の時代の複数の資料を比較し、位相によることばの違いを指摘してみよう。

8.3 『日本語歴史コーパス』で、異なる時代の複数の資料を比較し、時代によることばの違いを指摘してみよう。

■参 考 文 献

小木曽智信（2016）「『日本語歴史コーパス』の現状と展望」『国語と国文学』93巻5号　pp.72-85
金水敏（2008）『日本語史のインターフェース』岩波書店
国立国語研究所（2005）『太陽コーパス―雑誌『太陽』日本語データベース』博文館新社
小林隆（2006）『方言が明かす日本語の歴史』岩波書店
近藤明日子（2015）「国語教師のための語彙表の作り方」前川喜久雄監修・田中牧郎編『講座日本語コーパス4　コーパスと国語教育』朝倉書店　pp.176-201
近藤泰弘（2015）「『日本語歴史コーパス』と日本語史研究」近藤泰弘・田中牧郎・小木曽智信『日本語史研究と歴史コーパス』ひつじ書房　pp.1-16
田中牧郎（2014）「『日本語歴史コーパス』の構築」『日本語学』33巻14号　pp.56-67
宮島達夫（1978）『古典対照語い表』笠間書院
宮島達夫・石井久雄・安部清哉・鈴木泰（2014）『古典対照分類語彙表』笠間書院
高田博行・渋谷勝己・家入葉子（2014）『歴史社会言語学入門』大修館書店
前川喜久雄監修（2013-）『講座日本語コーパス全8巻』朝倉書店
山口仲美（2006）『日本語の歴史』岩波書店

第9章　日本語教育

長谷川守寿

日本語学習者の日本語は、母語話者と、どこがどう違うの？

表 9.1 文内部における丁寧化率（%、用例数／全体数）

	学習者	母語話者
が	95（486/513）	99（195/196）
けど	65（30/46）	0（0/15）
ので	32（91/282）	18（23/130）
から	31（26/83）	14（2/14）
たら	13（39/299）	28（26/92）
し	8（5/62）	58（18/31）
と	6（13/212）	7（8/110）

表 9.1（嵐（2014）の表4より）は、日本語学習者と日本語母語話者が作った丁寧体の文を対象に、それぞれの接続助詞の前の述語が丁寧形になる割合を示したものである。たとえば、①は波線部のように文末に「あります」と丁寧形が使われているので、丁寧体の文である。このような文で接続助詞「けど」の前が①の下線部のように丁寧体か、②のようにそうでないか調べたものである。

① コンビニに行きますけど、何かほしいものありますか？　　　（筆者作例）
② コンビニに行くけど、何かほしいものありますか？　　　　　（筆者作例）

表 9.1 では、日本語学習者と日本語母語話者を比較しているが、このように日本語教育の計量的研究には、学習者と母語話者のデータを計量的手法を用いて研究し、今後の日本語教育に役立てていこうという目的がある。網掛け部分は、学習者と母語話者で結果が異なる部分であるが、表 9.1 の数値がどのようにして出たかについては次節で述べる。

◇ 9.1　豆腐はいつでも「売っていますから」？　「売っているから」？ ◇

日本語の文体には、デス・マス形を用いた丁寧体と、ダ・デアル形などを用いた普通体があり、母語話者はそれらを相手や場面に応じて使い分けている。

9.1 豆腐はいつでも「売っていますから」?「売っているから」?

　ここでは、『YNU書き言葉コーパス』(金澤 (2014)) を対象に、接続助詞と文末・文内の述語の文体などについて研究した嵐 (2014) を紹介する。

　『YNU書き言葉コーパス』は学習者60名 (留学生) と母語話者30名 (大学生) が12のタスクに基づいて書いた計1080編の課題文が集められている。学習者は韓国語母語話者30名、中国語母語話者30名で、上位群・中位群・下位群それぞれ10名ずつである。12のタスクの課題文に対して評価が加えられていて、得点の高い順に上位群・中位群・下位群に分かれている。複数のタスクが課せられ、タスク間の比較ができる点、学習者と母語話者の結果が比較できる点など、従来の学習者コーパスには見られなかった特徴がある。

　接続助詞とそれが使われる文末の文体を調べた結果が表9.2 (嵐 (2014) の図2と図3より) である。学習者は全体で「ので」を327回使用し、丁寧体は282回 (86%)、それ以外は45回 (14%) 使用したことを表している。「それ以外」には、文末が普通体となる文と「〜から。」のように言いさしで終わる文も含まれている。たとえば、③には接続助詞「が」が含まれていて、文末は「動いています」の部分で、この場合は丁寧体である。

③ 雪が降っていますが、新幹線は<u>動いています</u>。　　　　　　　(著者作例)

　表9.2からわかるように、学習者は「ので」「が」「と」「たら」を文末が丁寧体である文で使用することが多く、「から」「けど」は少ない結果となった。母語話者は「ので」「が」「と」を丁寧体の文で使用することが多く、「し」「から」「けど」は丁寧体の文で使われることが少ない。学習者は「し」を丁寧体とそれ以外で同程度使用しており、この点は母語話者と異なっている。

表9.2 接続助詞と文末の文体 (%、(用例数／全体数))

	学習者		母語話者	
	丁寧体	それ以外	丁寧体	それ以外
ので	86 (282/327)	14 (45/327)	91 (130/143)	9 (13/143)
が	83 (513/619)	17 (106/619)	80 (196/246)	20 (50/246)
と	66 (212/323)	34 (111/323)	77 (110/143)	23 (33/143)
たら	63 (299/475)	37 (176/475)	44 (92/207)	56 (115/207)
し	51 (62/121)	49 (59/121)	23 (31/134)	77 (103/134)
から	26 (83/317)	74 (234/317)	10 (14/143)	90 (129/143)
けど	18 (46/255)	82 (209/255)	8 (15/179)	92 (164/179)

第9章 日本語教育——日本語学習者の日本語は、母語話者と、どこがどう違うの？

表 9.3 母語別学習者の接続助詞と文の終止部の文体（％、（用例数／全体数））

	中国語母語話者		韓国語母語話者	
	丁寧体	それ以外	丁寧体	それ以外
ので	80（142/178）	20（36/178）	94（140/149）	6（9/149）
が	77（241/313）	23（72/313）	89（272/306）	11（34/306）
と	64（105/164）	36（59/164）	67（107/159）	33（52/159）
たら	60（139/230）	40（91/230）	65（160/245）	35（85/245）
し	51（24/47）	49（23/47）	51（38/74）	49（36/74）
から	39（58/147）	61（89/147）	15（25/170）	85（145/170）
けど	25（21/84）	75（63/84）	11（25/228）	89（203/228）

　大きな傾向として、学習者も母語話者も類義表現とされる「ので」と「から」、「が」と「けど」を文体によって使い分けていることがわかる。そこで、学習者の母語による影響はないのか調べるために、学習者を母語別に分けたのが表 9.3（嵐（2014）の図 4 より）である。

　全体的な傾向として中国語母語話者と韓国語母語話者の使用実態は一致しているが、韓国語母語話者は「ので」「が」を丁寧体の文で使うことが若干多く、中国語母語話者は「から」「けど」を丁寧体の文で多く使っている。

　次に文の内部に位置する述語、つまり④の場合なら、「から」の前の部分のことで、いわゆる従属節内の述部の形の実態を見る。

　④　豆腐はいつでも売って「います」／「いる」から、どの時期でも食べられます。　　　　　　　　　　　　　　　　　（嵐（2014）の（5）を改変）

　冒頭の表 9.1 で出したものは、実は③④のような丁寧体の文を対象に、接続助詞を含む文の内部における丁寧化率を示した表である。丁寧化率とは、文中の述語部分に丁寧体が使われた割合を示す。丁寧体に「が」がついた回数は 486 回、全体の使用数が 513 ということから、丁寧化率は（丁寧体についた出現数）／（全体の出現数）から求めるので、95％（486／513）ということになる。

　表 9.1 を見ると、学習者の最大の丁寧化率は「が」の 95％、最小は「と」の 6％で、母語話者と同様の結果だが、異なる傾向も見られた。母語話者よりも学習者の丁寧化率が高い接続助詞は、「けど」「ので」「から」であり、特に「けど」は母語話者では 0％であったのに対して、学習者は 65％だった。逆に母語話者より

も学習者の丁寧化率が低かったのは、「たら」「し」である。「し」に関しては、学習者の丁寧化率は8％と低く、普通体が多く使われているが、母語話者の丁寧化率は58％で、普通体と丁寧体が同程度使われていた。

大まかな傾向は同じだが、この現象が学習者に共通した特徴なのか否かを明らかにすることもできる。学習者を中国語母語話者と韓国語母語話者に分けて分析した結果が表9.4（嵐（2014）の表6より）で、「から」は中国語話者の方が丁寧化率が高く、「ので」は韓国語母語話者のほうがわずかながら丁寧化率が高いということがわかる。

学習者のレベルとの関係はどうか、レベル別に見たのが表9.5（嵐（2014）の表7）である。「けど」

表9.4　学習者の文内部における丁寧化率（％（用例数／全体数））

	中国語母語話者	韓国語母語話者
が	95（230/241）	94（256/272）
けど	62（13/21）	68（17/25）
から	40（23/58）	12（3/25）
ので	27（39/142）	37（52/140）
し	13（3/24）	5（2/38）
たら	11（15/139）	15（24/160）
と	5（5/105）	7（8/107）

表9.5　レベル別の各接続助詞の丁寧化率（％（用例数／全体数））

	下位群	中位群	上位群
が	93（105/113）	92（179/195）	99（202/205）
けど	89（24/27）	38（3/8）	27（3/11）
から	25（9/36）	35（12/34）	38（5/13）
ので	37（26/71）	33（28/85）	29（37/126）
し	7（2/28）	4（1/23）	18（2/11）
たら	7（7/101）	13（14/110）	20（18/88）
と	4（2/51）	5（5/99）	10（6/62）

の丁寧化率は母語話者0％で、学習者65％だったが、学習者のレベル別に見ると、「けど」は下位群での使用が多く、中位群・上位群になるにつれて少なくなることがわかる。「ので」も、下位群から中位群・上位群になるにつれて、わずかだが丁寧化率が下がっている。「けど」「ので」以外の接続助詞は、上位群での丁寧化率が最も高くなっている。

このように、計量的手法を用いることにより学習者と母語話者が接続助詞とともに用いる文体の違いを明らかにすることができる。文内部において、母語話者よりも学習者の丁寧化率が高い接続助詞は「けど」「ので」「から」で、特に「けど」の前では、母語話者は丁寧体を一回も使っていないのに対して、学習者は65％が丁寧体だった。さらに学習者を母語別に見ると、「丁寧体＋ので」は韓国語母語話者が、「丁寧体＋から」は中国語母語話者が多く使っている。レベル別に学習

者を見ると、「けど」を丁寧体とともに使うのは下位群の学習者に多いことがわかる。

◇ 9.2　「借してくれない？」◇

この節のタイトルに「借して」とルビをつけると、誤りとわかってしまうので、あえてつけていない。「ん？」と違和感を持ってもらえければ、充分である。ここでは学習者と母語話者の漢字使用の実態を調査した金庭（2014）を紹介する。金庭（2014）は、『YNU 書き言葉コーパス』のオリジナルデータに含まれるタスク1 とタスク2 を使用している。『YNU 書き言葉コーパス』には、研究用に修正されたデータだけではなく、被調査者が手で書いたものを再現したオリジナルデータが含まれていて、そのデータを使うことで漢字使用の実態を明らかにできる。

タスク1 は⑤で、タスク2 は下線部を「仲の良い鈴木さんが持っている」「鈴木さん」に変更したもので、タスクの内容はそれぞれの母語で示している。

⑤ あなたが借りたいと思っている『環境学入門』という本が図書館にはなく、<u>面識のない田中先生の研究室にある</u>ことがわかりました。レポートを書くためにはどうしてもその本が必要です。<u>田中先生</u>にそのことをメールでお願いしてください。

漢字の部分だけならば同じ読みである「貸」と「借」を使ったか、それは「正用・誤用・非文」のどれかをまとめたのが表 9.6（金庭（2014）の表1 より）であ

表 9.6　「貸す」と「借りる」の使用状況（回）

	「貸・借」使用者数	正用		誤用	非文		用例数合計
		かな	漢字	漢字	かな	漢字	
母語話者	30 名中 28 名	5	46	10	0	1	64
韓国語母語話者	上位群 10 名中 9 名	3	17	3	0	0	24
	中位群 10 名中 10 名	7	8	2	3	4	24
	下位群 10 名中 6 名	7	1	1	6	1	20
	30 名中 25 名	17	26	6	9	5	68
中国語母語話者	上位群 10 名中 10 名	2	18	0	0	0	20
	中位群 10 名中 9 名	0	17	2	0	2	22
	下位群 10 名中 9 名	4	5	5	1	4	20
	30 名中 28 名	6	40	7	1	6	62

る。母語話者は 30 名中 28 名が「貸す・借りる」を使い、2 名は「持ってたら教えてくれるとうれしいな！」のようにそれらを使わずに目的を達成している。韓国語母語話者は 25 名、中国語母語話者は 28 名が「貸す・借りる」を使い、目的を達成したかは別としてそれぞれ 5 名・2 名は使用を回避している。

次に正しさの判定であるが、「正用」とは「貸す」「借りる」の意味が通じ、動詞の活用も正しくタスクが達成できる場合で、「誤用」とは漢字は正しくないが「貸す」「借りる」の意味で使っていると推測できる場合である。「非文」は漢字が正しくても「借りてもらえる」「借りてくれない」のように、借りる人が書き手ではなく、読み手（この場合、田中先生や鈴木さん）の場合や、「お貸していただけないでしょうか」「借ってもよろしいでしょうか」など用法や活用が間違っている場合などである。

表 9.6 の「正用」を見ると、母語話者は 5 例・46 例（ひらがな・漢字の順）で、韓国語母語話者は 17 例・26 例、中国語母語話者は 6 例・40 例であった。母語話者と中国語母語話者は同じような使用状況だが、韓国語母語話者の場合はひらがなで書くことが多く、グループ別に見ると上位群は漢字を使用しているが、中位群・下位群ではあまり漢字を使用せず、かなを使用している。

「誤用」は、母語話者で 10 例、韓国語母語話者で 6 例、中国語母語話者で 7 例あり、偏りなく見られる。詳細に見ると⑥⑦のように「てくれない」「てもらえる」等に接続する際に「貸して」を「借して」と誤ってしまう例がある。

⑥ 借してくれない　　　　　　　　　　　（金庭（2014）の表 2 より）
⑦ 借してもらえないかな？？　　　　　　（金庭（2014）の表 2 より）

次に、「貸」と「借」のどちらを使用したか、それは正用・誤用・非文のいずれかを調べたのが表 9.7（金庭（2014）の表 4）である。表 9.7 は、母語話者の場合、漢字を使用しかつ「正用」であったのは 46 例で、内訳は「貸」が 30 例、「借」が

表 9.7　漢字使用者の「貸」と「借」の使用状況（回）

	漢字を使用し「正用」のもの			漢字を使用したが「誤用」のもの			漢字を使用し「非文」のもの		
	貸	借	合計	貸	借	合計	貸	借	合計
母語話者	30	16	46	1	9	10	1	0	1
韓国語母語話者	17	9	26	4	2	6	0	5	5
中国語母語話者	27	13	40	0	7	7	1	5	6

表9.8 「貸」と「借」の使用状況（回）

	貸				借			
	正用	誤用	非文	合計	正用	誤用	非文	合計
母語話者	30	1	1	32	16	9	0	25
韓国語母語話者	17	4	0	21	9	2	5	16
中国語母語話者	27	0	1	28	13	7	5	25

16例であることを示す。韓国語母語話者の場合、全体の使用数が少ないので、慎重に判断する必要があるが、「貸」という漢字のほうが正しく使うことが出来ている。表9.7の結果を漢字を中心にまとめたのが、表9.8（金庭（2014）の表4より）である。

表9.8からは、どの母語話者も「貸」を多く使用していて、全体的には「誤用」「非文」では「借」の使用が多いことがわかる。

このように学習者と母語話者の手書きの文書を計量的に比較することによって、漢字の誤った使用はどの母語話者にも見られること、「貸す」「借りる」という言葉を使わず、さらに「貸」「借」という漢字も使わないのは韓国語母語話者に多く、下位群の韓国語母語話者は正誤を問わず、かな表記することが多いことがわかる。

◇ 9.3 「何も食べません」「何も食べないです」、どちらをよく使いますか？ ◇

丁寧体の述語否定形には、「食べません」と「食べないです」のような2つの形がある。ここでは、このような形の教科書での扱いや、母語話者の使用実態を調べた小林（2005）を紹介する。

まず、実際に学習者はこの2つの形を勉強しているのかを明らかにするために、小林（2005）では代表的な日本語教科書6冊と、『日本語能力試験出題基準』を対象に述語否定形の扱いを調べた。『日本語能力試験出題基準』は、2009年まで実施されていた（旧）日本語能力試験の出題基準を示した本で、多くの教科書や参考書はこの本に準拠する。

小林（2005）では、述語否定形を以下の6つに分類する（小林（2005）の（3）から（8）の過去形の例は省略し一部改）。Fは語彙項目として個別に扱うもののため除外し、AからEの5種類の述語否定形がどのように使われるか調べた。

9.3 「何も食べません」「何も食べないです」、どちらをよく使いますか？

A. 動詞語尾　　　　　　　　　　　　食べ ｛ません／ないです｝。
B. 存在を表す本動詞「ある」の否定形　鉛筆が ｛ありません／ないです｝。
C. イ形容詞の否定形　　　　　　　　大きく ｛ありません／ないです｝。
D. 「(名詞+)ダ」の否定形　　　　　　本では ｛ありません／ないです｝。
E. 「(ナ形容詞+)ダ」の否定形　　　　静かでは ｛ありません／ないです｝。
F. 「ない」で終わるイ形容詞(「ません」の形式が可能なもの)
　　　　　　　　　　　　　　　　　まちがい ｛ありません／ないです｝。

　その結果、教科書では「動詞語尾」「本動詞アル」は「ません」の形だけが提示されていた。「イ形容詞」は教科書によって違いがあり、「ないです」のみが提示されているものもあれば、「ないです」「ません」の両方が提示されている教科書もあった。「(名詞+)だ」「(ナ形容詞+)だ」は、1冊の教科書を除いてすべて「ません」だけが提示されていた。全体的な傾向として、原則は「ません」を教え、イ形容詞については「〜ないです」が教えられているといえる。

　小林(2005)では、先行研究として新聞記事を扱った田野村(1994)を挙げている。田野村(1994)では、述語否定形を「(A)コピュラ文と存在表現」と「(B)動詞を否定する表現」に分けて集計した結果、(A)(B)両方で、「ません」が「ないです」より多く使われていた。また(A)では、「。／？／と」などが続く文末の言い切りの場合は「ません」が「ないです」よりも多く使われているが、「よ／ね」など終助詞が続く場合は、逆に「ないです」が「ません」を上回る結果となった。なお、(B)の場合はそのような傾向は見られなかった。また、「ません」が多く使われていることは、教科書での扱い方とほぼ一致している。

　では、母語話者の話し言葉でも同じことが言えるのか。小林(2005)では、『名大会話コーパス』(以後「名大」と略)、『女性のことば・職場編』(現代日本語研

表9.9　データから得られた述語否定形の内訳

	「ません」		「ないです」		合計
	ません	ませんでした	ないです	なかったです	
『名大』	95	4	194	9	302
『女性』	45	2	60	4	111
『男性』	39	4	126	4	173
小計	179	10	380	17	586
総計	189 (32.2%)		397 (67.7%)		(100%)

第9章 日本語教育——日本語学習者の日本語は、母語話者と、どこがどう違うの？

究会編（1999）、「女性」）、『男性のことば・職場編』（現代日本語研究会編（2002）、「男性」）の合計約64時間分の日常会話を対象に調査している。

その結果が表9.9（小林（2005）の表2より）で、合計586例の述語否定形が使われていた。なお、「ませんでした」「なかったです」は、わずかしか使われず、現在形と使用傾向に違いがなかったため、今後はまとめて扱う。

どのコーパスでも、「ないです」が「ません」より多く使われ、「ません」が多く使われていた新聞記事の結果や、イ形容詞以外は「ないです」を扱わない日本語教科書とは、逆の傾向になった。

表9.10　前接する語の品詞、用法による使用傾向

	「ません」	「ないです」	合計
動詞語尾	163	174	337
本動詞アル	15	104	119
イ形容詞	3	20	23
名詞＋ダ	6	74	80
ナ形容詞＋ダ	1	7	8
ナイ形容詞	1	18	19
	189	397	586

表9.11　文末と引用節の用例数

文末　125		引用節　37	
「ません」	「ないです」	「ません」	「ないです」
59	66	35	2

では、前接する品詞によって違いはないのか調べた結果が表9.10（小林（2005）の表3より）である。全ての品詞・用法で「ないです」が「ません」よりも多く使われていた。ただし、動詞語尾に続く場合は163例と174例で、その差はわずかであり、ほかとは違う傾向を示している。

田野村（1994）では、終助詞が後続する場合「ないです」が「ません」よりも多く使われていると述べているが、日常会話でも「よ／ね／か」等の終助詞が後続する場合は「ないです」がよく使われ、文末の言い切りで「。／？／か」などが続く形では「ません」が使われ、田野村（1994）と同じ結果になった。

ここで「文末の言い切り」の用例を詳しく見ると、「。／？」が続いて文が終了する⑧のような場合と、「と／って」が後続し⑨のように引用節として使われている場合がある。たとえば、⑨は波線部で「って」が後続しているため「文末の言い切り」に分類されるが、全体では引用節の一部である。そこで文末か引用節かを調べたのが表9.11（小林（2005）の表4より）である。

⑧　（略）日程にー、なっておりますので今週はあり<u>ません</u>。　　（『男性』）
⑨　私は、いや、ほんとに知ら<u>ないです</u>っていっても　　（『名大』）

表9.11から明らかなように、文末では「ません」も「ないです」も同じように使われているのに、引用節では「ないです」がほとんど使われていない。

表9.12 引用節内外の使用傾向

	「ません」	「ないです」	合計
引用節外	134 (25.7%)	387 (74.3%)	521 (100%)
引用節内	55 (84.6%)	10 (15.4%)	65 (100%)

ところで、⑨のように「文末の言い切り」に後続する場合には、全体としては引用節の一部である文があるように、後続する要素が終助詞でも、全体としては引用節の一部である場合がある。たとえば、⑩は後続する要素は終助詞「ねえ」だが、角括弧内は全体としては引用節の一部である。

⑩ ［我が国ではありませんねえ］、みたいな感じで。　　　　　　　　（『名大』）

そこで、直後の要素ではなく引用節内に位置するか否かで、586例を再分類したのが表9.12（小林（2005）の表5-1、5-2より）である。

「文末の言い切り」の際に引用節では「ません」が使われやすいという傾向（表9.11）は、表9.12でも同様であり、引用節外では「ないです」、引用節内では「ません」が使われやすいという棲み分けが見られる。

小林（2005）では、このように計量的手法を使うことで、母語話者の日常会話では「ません」よりも「ないです」のほうが多く使われ、動詞語尾以外に続く場合は「ないです」の使用が多いことを明らかにした。さらに述語否定形に後続する形ではなく、述語否定形が含まれる構文的な観点から、引用節外では「ないです」が、引用節内では「ません」が使われていることを明らかにした。

◇ 9.4　ま　と　め ◇

この章では、いろいろな計量的手法を用いて、母語話者のデータと対比することで学習者の日本語使用の実態を明らかにする研究（9.1節、9.2節）や、教科書調査に加え、母語話者の話し言葉からある形式の使用実態を明らかにする研究（9.3節）を紹介してきた。これらの成果を基に、日本語学習の初級レベルで活用する方法や、作文や漢字の指導で生かす方法を、日本語習得の側面から実証的なデータに基づいて明らかにしていく調査が期待される。

■ 練 習 問 題

9.1 伊集院郁子氏（東京外国語大学）の「日本・韓国・台湾の大学生による日本語意見

文データベース」(http://www.tufs.ac.jp/ts/personal/ijuin/koukai_data1.html)より、全作文1文1行エクセルファイルをダウンロードし、「接続助詞と文の終止部の文体」「文内部における丁寧化率」「「ません」・「ないです」の使用数」について、結果の予想を立て、日本・韓国・台湾の学生別に調べてみよう。

■参 考 文 献

嵐洋子（2014）「日本語母語話者及び非母語話者の文内部における丁寧表現の運用の実態」金澤裕之編『日本語教育のためのタスク別書き言葉コーパス』ひつじ書房　pp.305-328

金澤裕之編『日本語教育のためのタスク別書き言葉コーパス』ひつじ書房

金庭久美子（2014）「手書き作文に見られる漢字表記の誤りについて」金澤裕之編『日本語教育のためのタスク別書き言葉コーパス』ひつじ書房　pp.419-429

小林ミナ（2005）「日常生活にあらわれた「ません」と「ないです」」『日本語教育』125号　pp.9-17

田野村忠温（1994）「丁寧体の述語否定形の選択に関する計量的調査―『～ません』と『～ないです』―」『大阪外国語大学論集』11号　pp.51-66

第10章 日本語処理　　　　　　　　　　　　　荻野紫穂・白井英俊

文書の類似度や重要度をコンピュータはどのように計算しているの？

```
庭    名詞,一般,*,*,*,*,庭,ニワ,ニワ
に    助詞,格助詞,一般,*,*,*,に,ニ,ニ
は    助詞,係助詞,*,*,*,*,は,ハ,ワ
二    名詞,数,*,*,*,*,二,ニ,ニ
羽    名詞,接尾,助数詞,*,*,*,羽,ワ,ワ
鶏    名詞,一般,*,*,*,*,鶏,ニワトリ,ニワトリ
が    助詞,格助詞,一般,*,*,*,が,ガ,ガ
居る  動詞,自立,*,*,一段,基本形,居る,イル,イル
EOS
```

図 10.1　「庭には二羽鶏が居る」

　図 10.1 は、日本語のテキストを単語に切り、品詞・辞書見出し形・読みなどの情報を付与して表示するコンピュータプログラム MeCab の出力例である。こうした単語切りプログラムは、形態素解析プログラムと呼ばれる。MeCab は、入力として日本語のテキストを 1 行ずつ読み込み、読み込まれた行を単語に切って、情報を付与して出力する。出力には、1 行に 1 単語の情報が示されており、テキスト中の単語の出現順に、上から単語が並んでいる。出力の最後の"EOS"は、文の終わり（end of sentence）を示している。ここでの「文」は、日本語学的な意味での「文」ではないので、MeCab を使用する際には注意されたい。

　「日本語処理」は、一般的には「自然言語処理」と呼ばれ、自然言語、すなわち日本語や英語のように人間が日常的にコミュニケーション手段として用いる言葉をコンピュータで処理する研究分野のことである。形態素解析プログラムは、自然言語処理の研究成果の一つである。現代社会に住む我々は自然言語処理の成果を享受している。スマートフォンは必需品になっているが、メッセージを送るときに使う日本語入力や音声認識が自然言語処理の成果物である。また、何か調べようというときは情報検索サイトを利用する。ここで多少入力を間違えたとしても自動で訂正してくれる。出てきたページが外国語であっても、質を問わなければ日本語に翻訳できる。さらに人と対話するコミュニケーション・ロボットもだ

んだんと社会に入ってきている。これらはみな自然言語処理の成果である。

本章では、数学にそれほど詳しくなくても試してみることができる自然言語処理の例として、検索システムでよく使用されている文書の類似度の算出法と、キーワードの重み付け手法を取り上げて説明する。また後半では日本語に限定しない一般的な自然言語処理のトピックについていくつか紹介する。

◇ 10.1 一般的な自然言語処理の段階——形態素解析から文脈解析まで ◇

日本語学、あるいは言語学で取り扱う研究対象には、おおざっぱに言って、

音韻/文字 → 語彙 → 統語（構文・文法）→ 意味 → 運用/文脈

という段階がある。文字（または音韻）が単語を構成し、単語が文を構成し、文が文章を構成して文脈をなす、というように、自然言語の構成に従って積み重ねられている段階である。

自然言語処理でも、この段階ごとに解析システムが提供されていることが多い。語彙処理段階に当たる部分では、文や文章を単語や形態素に分割する形態素解析システムが提供され、統語処理段階に当たる部分では単語や形態素の係り受けと修飾関係を決定する統語解析システムが提供されている。形態素解析システムの例としては MeCab や JUMAN などが、統語解析システムの例としては CaboCha や KNP などがあげられる。

意味や運用/文脈の段階は、語彙や統語に比べて出力の形式や処理単位が定まっていないため、自然言語処理の技術も、ほかの処理段階の解析システムと組み合わせて研究されることが多い。意味処理段階に当たる部分では語義選択などが、文脈処理段階に相当する部分では代名詞などの照応解析が、統語解析と組み合わせた形で研究されている。

上記の解析システムのうち、文や文章を単語に分割する処理を行う形態素解析システムは、精度も高く、辞書を整備することによって出力の制御もしやすいため、さまざまな処理のベースとしてよく使用されている。次節以降では、情報検索において、形態素解析システムの出力である単語列をどのように使用しているかを解説する。

◇ 10.2 情報検索・文書検索の仕組み ◇

自然言語処理の応用の中で、最も役に立つものの一つが情報検索（文書検索）

である。GoogleやBingというWWW検索サービスを使ったことがない人はいないだろう。自分のコンピュータに蓄積されている文書を検索しそのクエリを含む箇所を見つけ出す全文検索も情報検索の一つである。

WWW検索サービスでは、クエリと呼ばれる単語や文を入力すると、それに関連した情報が比較的多く含まれているウェブページのリストが得られる。これを利用して、与えられた質問に答える「質問応答システム」も作られている（スティーブン・ベイカー（2011））。

情報検索のおおまかな仕組みは次のとおりである。
① 蓄積されているウェブページ（文書）をそれぞれから抽出された「特徴」に基づいてクラスタリングしておく。「クラスタリング」とは、共通の特徴を持つグループに分けることである。分けられたグループをクラスタと呼ぶ。
② クエリから抽出された特徴に最も近いクラスタを選ぶ。
③ 重要度（関連性）を考慮してクラスタの文書を順番づけして表示する。

クラスタリングや各文書の重要度の算出は機械学習で行われる。

クエリとクラスタの類似度を計算する際に使用する「特徴」には、文書を形態素解析して得られる単語列が使用される。類似度を計算する際には、単語に重要度を付与して、ある一定以上の重要度を持つ単語だけを「特徴」として使用することもあるが、この単語の重要度の算出にも、やはり文書を形態素解析した結果が使用される。文書と単語との関係を利用するこのような処理には、文書を形態素解析した結果得られた単語列を、文書ごとの単語頻度表にまとめたデータが使用される。

◇ 10.3　情報検索で用いられる「特徴」とは —— BoW表現と単語文書行列 ◇

情報検索だけではなく、テキストマイニングや文書のトピック分析などを行うために文書の「特徴」として用いられるのがBoW（bag of words,「単語の集まり」）表現である。これは文書を形態素解析し、文書に現れる単語（キーワード）の個数を調べ、ベクトルで表現したものである。このBoW表現を行列にしたもの、すなわち列に文書ごとのBoW表現を配置した行列を「単語文書行列」という（図10.2）。「ベクトル」「行列」と言うと非常に取っつきにくいイメージがあるが、つまり「文書ごとの単語の出現頻度表」だと考えればよい。たとえば、図10.2の単語文書行列の場合、文書1には、単語1が1回、単語3が5回、単語4が3回出現しており、単語2と単語5は出現していないことを表している。

第 10 章　日本語処理――文書の類似度や重要度をコンピュータはどのように計算しているの？

各文書の特徴は、各単語の出現頻度をまとめたベクトルで示される。たとえば、図 10.2 において、単語 1～単語 5 までが文書集合に現れるすべての単語だとすると、文書 1 の特徴は $(1, 0, 5, 3, 0)$ というベクトルで表現される。

	文書1	文書2	文書3	⋯
単語1	1	0	0	⋯
単語2	0	2	0	⋯
単語3	5	0	0	⋯
単語4	3	1	3	⋯
単語5	0	3	2	⋯
⋮				
	BoW表現			

図 10.2　単語文書行列

自然言語処理では、単語文書行列は形態素解析システムを使用して作成されるが、本章の計算手順を追いかけてみたい場合は、人手で単語文書行列を作成してもよいだろう。

◇ 10.4　単語文書行列と文書の類似度 ◇

では、単語文書行列を使用して、文書の類似度を算出してみよう。情報検索でユーザが入力するクエリも、1 つの短い文書だと見なすことができる。そこでクエリに一番近い文書を、検索対象である文書集合から見つける方法を考えてみよう。

BoW 表現で表すと、文書間の類似度は相関係数やベクトル間の角度計算によって定量化できる。類似度としてよく用いられるのはベクトル間の角度の cos（コサイン）の値である。

前節で説明したとおり、単語文書行列を使用すると、各文書の特徴は、単語の出現頻度のベクトルで表すことができる。つまり、文書間の類似度は、「文書のベクトル同士が似ているかどうか」と言い換えることができる。例として、図 10.3 のような単語文書行列とクエリを考えてみよう。

この単語文書行列は、文書 A には「梅」が 2 回、文書 B には「桜」が 2 回、文書 C には「梅」と「桜」が 1 回ずつ出現していることを示す。クエリとして「梅」が 2 回、「桜」が 2 回出現する文章が入力されたとして、各文書とこのクエリとはどのくらい「似ている」と見なせるだろうか。クエリには「梅」「桜」が同数ずつ出現しているが、文書 A と文書 B は、「梅」または「桜」のどちらかだけしか出現していない。これに対して文書 C は、出現回数こそクエリと違うが、「梅」「桜」が同数ず

	文書A	文書B	文書C	クエリ
梅	2	0	1	2
桜	0	2	1	2

図 10.3　「梅」「桜」の単語文書行列

10.4 単語文書行列と文書の類似度

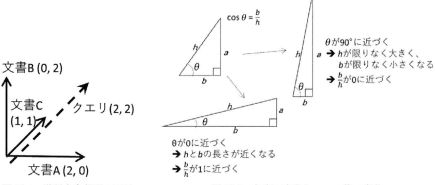

図 10.4　単語文書行列の図示　　図 10.5　角度の変化と cos の値の変化

つ出現しているという点では、クエリと同じ性質を持っている。つまり、文書Cがクエリと一番「似ている」と見なすことができる。これについて、単語文書行列をベクトルで図示した図 10.4 を見てみよう。

図 10.4 の文書A〜文書Cのベクトルのうち、クエリと一番「似ている」と見なした文書Cのベクトルは、クエリのベクトルと向きが同じである。これに対して、文書A、文書Bのベクトルは、クエリのベクトルと違うほうを向いている。これは、クエリのベクトルと「似ている」文書のベクトルは、クエリのベクトルとの角度が0に近く、「似ていない」文書のベクトルは、クエリのベクトルとの角度が大きくなる、と言い換えることができる。つまり、「クエリのベクトルと文書のベクトルの角度の小ささ」が、「クエリと文書の類似度の大きさ」を表している。このため、「クエリのベクトルと文書のベクトルの角度」が小さくなるにつれて増大するような値を単語文書行列から算出できれば、「クエリと文書の類似度」を算出することができる。

ここで、図 10.5 を見ながらベクトル同士がなす角度の cos の値を考えてみよう。図 10.5 の直角三角形において、角度 θ の cos の値は、$\frac{b}{h}$ である。θ の角度が小さくなると、直角三角形は図 10.5 の左下のようになり、h と b との値が限りなく等しくなっていくため、$\cos\theta = \frac{b}{h}$ は限りなく1に近づく。逆に、θ の角度が大きくなると、直角三角形は図 10.5 の右側のようになり、h が限りなく大きく、b が限りなく小さくなっていくため、$\cos\theta = \frac{b}{h}$ は限りなく0に近づく。つまり、角度 θ が大きくなると $\cos\theta$ は小さくなり、角度 θ が小さくなれば $\cos\theta$ は大きくなるのである。したがって、クエリの BoW のベクトルと文書の BoW のベクトルがなす

角の cos の値を求められれば、ベクトル同士の向きがぴったり重なったときに一番大きく、ベクトル同士が直交したときに一番小さくなる値、つまり、クエリと文書の類似度が求められることになる。この類似度は、0 から 1 の値になる。

ベクトル α とベクトル β がなす角 θ の cos の値は、次の式で求めることができる。

$$\cos\theta = \cos(\alpha, \beta) = (\alpha と \beta の内積) \div (\alpha の大きさ \times \beta の大きさ)$$

ベクトル α とベクトル β の内積は、α と β の成分同士を掛け合わせたものの総和で求めることができる。たとえば、図 10.4 の文書 A のベクトル $(2, 0)$ と文書 C のベクトル $(1, 1)$ の内積は、

$$2 \times 1 + 0 \times 1 = 2$$

である。また、ベクトルの大きさは、そのベクトルの成分の 2 乗の総和の平方根で求めることができる。たとえば、図 10.5 の文書 A のベクトル $(2, 0)$ の大きさは、

$$\sqrt{2^2 + 0^2} = \sqrt{4} = 2$$

である。これらの式を使って、図 10.4 のクエリのベクトル $(2, 2)$ と文書 3 のベクトル $(1, 1)$ の cos の値を求めてみよう。

$$\cos\theta = (2 \times 1 + 2 \times 1) \div \left(\sqrt{2^2 + 2^2} \times \sqrt{1^2 + 1^2}\right) = 4 \div \left(\sqrt{8} \times \sqrt{2}\right)$$
$$= 4 \div \left(2\sqrt{2} \times \sqrt{2}\right) = 4 \div 4 = 1$$

となり、クエリと文書 3 とは「最大限に類似している」ということになる。

少し計算が複雑なので、図 10.2 の単語文書行列を使って、もう一度、この類似度の計算を復習してみよう。ここで、文書 1～文書 3 に出てくるすべての語は、単語 1～5 で網羅されているとする。また、クエリの BoW 表現は $(1, 0, 1, 1, 0)$ だとする。クエリと文書 1～文書 3 との類似度は、それぞれ以下のようになる。

文書 1 $(1, 0, 5, 3, 0)$ との類似度：
$$(1 \times 1 + 0 \times 0 + 1 \times 5 + 1 \times 3 + 0 \times 0) \div \left(\sqrt{1^2 + 0^2 + 1^2 + 1^2 + 0^2}\right.$$
$$\left.\times \sqrt{1^2 + 0^2 + 5^2 + 3^2 + 0^2}\right) \fallingdotseq 0.88$$

文書 2 $(0, 2, 0, 1, 3)$ との類似度：
$$1 \times 0 + 0 \times 2 + 1 \times 0 + 1 \times 1 + 0 \times 3) \div \left(\sqrt{1^2 + 0^2 + 1^2 + 1^2 + 0^2}\right.$$
$$\left.\times \sqrt{0^2 + 2^2 + 0^2 + 1^2 + 3^2}\right) \fallingdotseq 0.15$$

文書 3 $(0, 0, 0, 3, 2)$ との類似度：
$$(1 \times 0 + 0 \times 0 + 1 \times 0 + 1 \times 3 + 0 \times 2) \div \left(\sqrt{1^2 + 0^2 + 1^2 + 1^2 + 0^2}\right.$$
$$\left.\times \sqrt{0^2 + 0^2 + 0^2 + 3^2 + 2^2}\right) \fallingdotseq 0.48$$

この結果から、クエリ (1, 0, 1, 1, 0) と最も類似する（したがって「関係が深い」と考えられる）文書は、文書1であることが求められる。

◇ 10.5 単語の重要度をどのように決めるか── TF-IDF 法 ◇

前節で使用した単語文書行列には、文書を特徴づけるキーワード的な語も、どの文書にも現れる助詞や助動詞などの語（ストップワードという）も含まれている。そこで、文書をよりよく特徴づけるために、ストップワードをあらかじめ人間が定義しておき、単語文書行列からストップワードを取り除く前処理が行われることもある。ストップワードには、助詞や助動詞のほか、「日」「こと」「人」などの形式名詞や「いく」「ある」などの頻出動詞や補助動詞を指定することが多い。

各単語に対して重要度を算出することができれば、人間がストップワードを定義しなくても、重要度が低い語をストップワードのように扱うことができる。また、重要度が高い語をキーワードとして、文書を代表させることできるようになる。ここでは TF (Term Frequency, 単語頻度) と IDF (Inverse Document Frequency, 逆文書頻度) という概念を用いて文書における語の重要度を求める TF-IDF 法を解説する。

まず、単語文書行列における単語 i の文書 j に対する TF、DF（文書頻度）、IDF を以下で定義する。少し式の表記が取りつきにくいかもしれないが、式が示している内容はそれほど難しくない。log 以外の部分は四則演算だけを使って解くことができる。式の後に、例を交えた解説を加えるので、式の見た目の難しさにとらわれずに、解説を丁寧に追いかけてみてほしい（出てくる sgn、D などについては次ページ参照）。

$$\mathrm{TF}(i, j) = \frac{n_{ij}}{\sum_k n_{kj}}, \qquad \mathrm{DF}(i) = \sum_j \mathrm{sgn}(n_{ij}), \qquad \mathrm{IDF}(i) = \log\left(\frac{\mathrm{D}}{\mathrm{DF}(i)}\right)$$

$\mathrm{TF}(i, j)$ は、単語 i が文書 j に現れる出現頻度 n_{ij} を文書 j の総単語数 $\sum_k n_{kj}$ で割った値である。たとえば、図 10.2 の単語文書行列において、単語1の文書1に対する TF は

$$1 \div (1+0+5+3+0) = 1 \div 9 \fallingdotseq 0.11$$

であり、単語1の文書2に対する TF は

$$0 \div (0+2+0+1+3) = 0 \div 6 = 0$$

である。TF の算出式は、文書 j において単語 i が重要であれば単語 i は多く出現するので $\mathrm{TF}(i, j)$ の値が大きな値になり、逆に重要度が低ければ小さくなるだろ

うという直感を反映している。

　DF(i) は、単語 i が現れる文書の個数である。式の中の sgn(x) は、引数 x が正なら 1、0 なら 0、負なら -1 を返す関数であるが、「単語が現れる文書の個数」を簡潔に表すための表記だと考えてもよい。単語 i がどの文書にも現れる（ストップワードのような語）ならば DF(i) は総文書数 D に近い値になり、逆に出現する文書が少なければ DF(i) は 1 に近い値になる。たとえば、図 10.2 の単語文書行列において、単語 1 は文書 1 だけに出現しているので単語 1 の DF は 1 であり、単語 4 は文書 1～文書 3 すべてに出現しているので単語 4 の DF は 3 である。

　この節の冒頭で述べたとおり、助詞の「が、を、に、の」のような「どんな文書にも出現する語」はストップワードと呼ばれ、文書の特徴づけにおいては重要だとは認識されない。逆に、ある特定の文書だけに出現する語があれば、その語はその特定の文書を特徴づけていると言えるだろう。つまり、ある単語 i の DF が大きければ単語 i の重要度は低く、小さければ重要度が高くなりやすい。ただし、DF は、文書集合の大きさを考慮して評価する必要がある。たとえば、ある単語の DF が 10 であるとして、総文書数が 1000 の場合は全体の 1/100 の文書にその単語が出現していてそこそこ重要な単語であると見なすことができるが、総文書数が 10 であれば、すべての文書にその単語が出現しているため、その単語はどの文書にとってもさほど重要ではないことになる。総文書数を考慮するためには、DF だけを重要度の算出に使用するのではなく、総文書数 D のうち単語 i が含まれている文書数 DF(i) の割合である $\frac{\text{DF}(i)}{D}$ を使用したほうがよい。この $\frac{\text{DF}(i)}{D}$ も DF(i) と同様、単語 i の重要度が高ければ小さく、重要度が低ければ大きい値になる。これを単語 i の重要度が高ければ大きく、重要度が低ければ小さい指標にするためには、$\frac{\text{DF}(i)}{D}$ ではなく、その逆数 $\frac{D}{\text{DF}(i)}$ を使えばよい。この値であれば、単語 i の重要度が低ければ非常に小さく、重要度が高ければ非常に大きな値になり、単語 i の重要度を示す指標の一つとなりうる。これが、IDF 算出の基本的な考え方である。

　$\frac{D}{\text{DF}(i)}$ は、文書集合の規模（総文書数）の影響を受けやすい。たとえば、10,000 文書のうち 1 文書にだけ出現する単語 A と、1,000,000 文書のうち 1 文書にだけ出現する単語 B の重要度を考えてみよう。直感的には、どちらも「非常に希少な使い方をされる単語」であり、重要度にはそれほどの違いはないように思える。しかし、$\frac{D}{\text{DF}(i)}$ そのままの値を単語の重要度だと捉えると、総文書数が 100 倍違うせいで、単語 B は単語 A の 100 倍重要ということになってしまう。このような文

10.5 単語の重要度をどのように決めるか——TF-IDF法

書集合の規模の影響を小さくするために、IDFは $\frac{D}{DF(i)}$ そのものでなく、$\frac{D}{DF(i)}$ の対数である $\log\left(\frac{D}{DF(i)}\right)$ として算出するようになっている。

図10.2の単語文書行列を例にして、IDFの算出方法を追いかけてみよう。わかりやすさのために、対数の底は10とする。総文書数は、図10.2に示されている文書1～文書3の合計3つとする。つまり、

図10.2のD＝3

とする。単語1は、3つの文書のうちの文書1だけに現れているから、

単語1の $DF(i) = DF(単語1) = 1$

である。ここから

単語1の $\frac{DF(i)}{D} = \frac{DF(単語1)}{D} = \frac{1}{3}$

単語1の $\frac{D}{DF(i)} = \frac{D}{DF(単語1)} = 3$

対数の底を10とするので、3は10の何乗か計算してみると、

$3 \fallingdotseq 10^{0.48}$

である。この指数部分の0.48が10を底にした場合の3の対数であるから、

単語1の $IDF(i)$ ＝ 単語1の $\log\left(\frac{D}{DF(i)}\right) = \log\left(\frac{D}{DF(単語1)}\right) = \log_{10} 3$
$\fallingdotseq 0.48$

となる。ここでは対数の底として10を使っているが、対数の底は1より大きい値であれば何を底に使ってもよい。底を1より大きい他の値に変えても、対数が定数倍になるだけで、対数の大小関係は変わらないからである。

$IDF(i)$ は、$DF(i)$ がDに近い値（単語 i がストップワードのような語）であればほぼ0に等しく、$DF(i)$ がとても小さな値であれば（つまり単語 i が現れる文書が少なければ）大きな値を取る。つまり $IDF(i)$ はその単語に言及する文書の稀少性を表すと考えられる。

TF-IDF法では、単語 i の文書 j における重要度を、「単語 i が文書 j で繰り返し使われているか」を示す指標であるTFと、「単語 i は文書 j 以外ではあまり使われない希少性の高い語か」を示す指標であるIDFの積、すなわち

$TF(i, j) \times IDF(i)$

と定義する。TF-IDFは特定の文書における単語の重要度と、文書全体における単語の重要度（希少性）の両方を考慮したものとなっている。また、ストップワ

第 10 章　日本語処理——文書の類似度や重要度をコンピュータはどのように計算しているの？

	文書1	文書2	文書3
単語1	0.05	0	0
単語2	0	0.16	0
単語3	0.27	0	0
単語4	0	0	0
単語5	0	0.09	0.07

	文書1	文書2	文書3	⋯
単語1	1	0	0	⋯
単語2	0	2	0	⋯
単語3	5	0	0	⋯
単語4	3	1	3	⋯
単語5	0	3	2	⋯
⋮	⋮	⋮	⋮	

BoW表現

図 10.6　TF-IDF の単語文書行列（右は図 10.2 の再掲）

ードのような希少性の低い語は、$\frac{D}{DF(i)}$ の値は限りなく 1 に近くなる。このため、底を 1 より大きいどんな値にしたとしても、$\frac{D}{DF(i)}$ の対数である IDF(i) はほぼ 0 になり、TF-IDF の値も同様にほぼ 0 となる。これによって、ストップワードの人手による定義が実質的に不要になるという利点がある。

図 10.2 の例で説明しよう。ここでは解りやすさのために、対数の底を 10 とする。単語 1 の文書 1 に対する TF-IDF は、

$$\text{TF} = 1 \div (1+0+5+3+0) = 1 \div 9 \fallingdotseq 0.11$$
$$\text{IDF} = \log_{10}\left(\frac{3}{1}\right) \fallingdotseq 0.48$$
$$\text{TF-IDF} = 0.11 \times 0.48 \fallingdotseq 0.053$$

となる。また、単語 4 は文書 1～文書 3 のすべての文書に出現しているため、IDF が

$$\text{IDF} = \log_{10}\left(\frac{3}{3}\right) = 0$$

となり、結果としてどの文書に対しても、TF-IDF は 0 となる。

図 10.2 の単語文書行列について、単語の出現頻度の代わりに TF-IDF 値を使用した単語文書行列を図 10.6 に示す。

図 10.6 の単語文書行列の各文書について、クエリ (1, 0, 1, 1, 0) との類似度を計算すると、文書 1 は約 0.68、文書 2 と文書 3 は双方とも 0 になる。クエリには単語 1、単語 3、単語 4 が出現しているが、文書 2 も文書 3 も、単語 1 と単語 3 の出現数が 0 であり、単語 4 は TF-IDF が 0 であるため、クエリと文書 2 や文書 3 の内積が 0 になるからである。

形態素解析システムを使用して大規模文書から作成する単語文書行列は、とても大きなものになる。そこで単語文書行列を圧縮（低次元化）する方法が提案されている。また、これを分析手段として用いる潜在意味分析（LSA）や文書の生成モデルとして用いる潜在トピックモデル（LDA）が研究されている。

◇ **10.6 ニューラルネットワークと自然言語処理** ◇

　ニューラルネットワークとは、人間の脳の機能を模倣した情報処理モデルである。脳がシナプスによってネットワーク状にニューロンが配置されているように、ニューラルネットワークでは人工のニューロン（ノード）の入出力をつなぐことでネットワークを構成する。その一つの応用として、顔の認識や動物や道具の認識システムが作られている。2000年代に入ってニューラルネットワークを多層化して処理機能を高めた深層学習（deep learning）が注目されるようになり、画像処理だけではなく自然言語処理への応用も研究されている。また意味や知識の表現方法としても興味深い。ニューラルネットワークは単語が持つ意味などの情報をネットワーク全体に分散して表現しているとみなせるからである。たとえばword2vec（西尾（2014））は、コーパスを入力として、そこに現れる単語同士の類似度や関係を捉えることが可能であることを示している。

◇ **10.7　コーパスとプログラミング言語** ◇

　自然言語処理は、研究者が辞書や文法を作る時代から、大規模コーパスに基づき機械学習によってコンピュータが作り出す時代と変化してきた。そのために、質の良いコーパスの存在はますます重要になっている。日本語のコーパスは英語と比べるとまだまだ少ないのが現状であるが、RCWP（技術研究組合新情報処理開発機構）のRWC テキストデータベース、京都大学による「京都大学テキストコーパス」、国立国語研究所の日本語話し言葉コーパス、現代日本語書き言葉均衡コーパスなどがある。また Wikipedia や Twitter、Facebook、はてなの記事を基に作ることも行われている（西尾（2014））。

　自然言語処理に向いたプログラミング言語としては Perl, Ruby, R, Python をお勧めする。Perl と Ruby はコーパスを形態素解析や係り受け解析した結果の処理に使われる正規表現が扱いやすい。R は統計処理に向いているが機械学習のパッケージが豊富で使いやすい（豊田（2008））。現時点での一番のおすすめは Python である（浅尾・李（2013））。実際、Bird ら（2009）による NLTK（自然言語処理ツールキット）はすぐにいろいろな処理が試せるようになっており、機械学習のモジュールも充実している。文系向けのプログラミング言語の学習と応用については、浅尾・李（2013）や荻野・田野村（2012）などの良書が出版されているので参照するとよい。

第10章　日本語処理──文書の類似度や重要度をコンピュータはどのように計算しているの？

■ 練習問題

10.1 MeCabとCaboChaをコンピュータにインストールし、いろいろな例文でその性能を確かめてみよう。たとえばウェブのニュース記事を入力した時の正解率はどのくらいになるだろうか。またSNSのメッセージやブログの記事はどうであろうか。誤りがあったとしたら、どのような理由によるものか、考察してみよう。

10.2 互いに共通の語を持つ短文3文を用意しよう。自分で作文しても、本や歌詞などから借用してもよい。そのうえで、各文を1つの文書として単語文書行列を作成して、文同士の類似度を計算してみよう。平方根や対数の計算は、電卓を使ってもよいし、エクセルなどの表計算ソフトの関数を使って求めることもできる。

10.3 第3章で触れられた「宮島の指標C」「水谷の指標D」と類似度計算の結果を比較してみよう。

■ツールやコーパスのサイトのURL

MeCab　http://taku910.github.io/mecab/
JUMAN　http://nlp.ist.i.kyoto-u.ac.jp/index.php?cmd=read&page=JUMAN
UniDic　http://download.unidic.org/
KNP　http://nlp.ist.i.kyoto-u.ac.jp/?KNP
CaboCha　https://taku910.github.io/cabocha/
京都大学テキストコーパス　http://www-nagao.kuee.kyoto-u.ac.jp/nl-resource/corpus.html
国立国語研究所　日本語話し言葉コーパス（CSJ）　http://www.kokken.go.jp/katsudo/seika/corpus/
国立国語研究所　現代日本語書き言葉均衡コーパス（BCCWJ）　http://www.tokuteicorpus.jp/

■参考文献

スティーブン・ベイカー著、土屋政雄訳（2011）『IBM奇跡の"ワトソン"プロジェクト：人工知能はクイズ王の夢をみる』早川書房
浅尾仁彦・李在鎬（2013）『言語研究のためのプログラミング入門』開拓社
荻野綱男・田野村忠温（2012）『Rubyによるテキストデータ処理』明治書院
計量国語学会 編（2009）『計量国語学事典』朝倉書店
徳永祐之（2012）『日本語入力を支える技術』技術評論社
豊田秀樹（2008）『データマイニング入門：Rで学ぶ最新データ解析』東京図書
西尾泰和（2014）『word2vecによる自然言語処理』（電子書籍）オライリー・ジャパン
前川喜久雄 監修（2013-）『講座日本語コーパス全8巻』朝倉書店
Bird, S., Klein, E. & Loper, E. (2009) Natural Language Processing with Python. O'Reilly.（萩原正人・中山敬広・水野貴明 訳（2010）『入門自然言語処理』オライリー・ジャパン）

付録A　ことばの統計学入門　　　　　　　　　　　　　　　　［伊藤雅光］

ここでは、以下の基本的な5項目について扱っていく。
1. 統計が得意なこと
2. 品詞の度数分布表（質的データ）
3. 語長の度数分布表（量的データ1）
4. 基本統計量
5. 文長の度数分布表（量的データ2）

素材テクストは、1ではつぎの①、2～4は①と②で、5は③～⑤となる。具体的な本文の確認は①と②は伊藤（2002）、③～⑤は中央公論社（1935）を参照のこと。なお、「素材テクスト」とは「調査対象」となるテクストのことである。また、以下はすべてサンプル調査であって全数調査ではない。

① 宮沢賢治『銀河鉄道の夜』（新潮文庫 平成元年版）　153語
② 夏目漱石『吾輩は猫である』（新潮文庫 昭和55年改訂版）　139語
③ 谷崎潤一郎『陰翳礼賛』　500文
④ 芥川龍之介全集第5巻　500文
⑤ 森鷗外『青年』　500文

●●● 1. 統計が得意なこと ●●●

計量国語学は統計的な調査・研究方法を全面的に採用している点に特徴がある。なぜ統計学を採用したかというと、その方法がもっとも科学的な方法だからである。また、ことばを対象とした場合、統計的手法が十分に効果を発揮するという「相性の良さ」もその理由の一つである。

さらにいえば、計量国語学以外の伝統的な国語学・言語学の質的な調査・研究方法と比べると、統計的手法は以下のような「得意事項」を持っており、これらが統計を採用した具体的な理由ということになる。

(1) 集合の調査・研究が得意

統計は集合を扱う手法である。そのため、「字彙」（異なった抽象的な文字の集合）や「語彙」や「文章・文体」といった多くの項目が集まった集合を調査・分析することにすぐれている。そのため、計量国語学派の誕生とともに「計量字彙論」と「計量語彙論」と「計量文体論」の3分野の調査・研究が盛んに行われてきたため急速に発達した。

(2) 調査・分析作業の機械的進行が得意

統計的手法を習得できれば、分析表やグラフの作成まではほぼ機械的に作業を進める

ことができる。また、その分析のための基本的なチェックポイントと解釈の基準も定石化されており、分析の面でもある程度まで機械的に進めることが可能である。これは統計が数学理論の一分野であるため、一旦その論理のベルトコンベアーに乗ると、自動的に調査・分析の深いところまで、研究者を導いてくれるところに原因がある。

(3) 新たな知見（仮説）の発見が得意

統計的なデータ分析では「度数分布の記述」がもっとも基本的な作業となる。度数分布とは「データの起こりやすさの状態を視覚化したもの」で、度数分布表やヒストグラムのような表やグラフとして記述される。それらを観察するとデータの集中やバラツキの具合が直観的に把握できるようになるので、この時点で新たな知見の発見につながることが多い。

(4) 将来予測が得意

通時的な統計調査をした場合は、そのグラフにはその調査対象となった事象がある一定の増減傾向を示すことが多い。たとえば、新聞の漢字含有率が明治時代から現在にかけて一定の減少率で減っている場合は、10年後の漢字含有率を予測できるわけである。

(5) 言語の体系と構造の解明が得意

統計はもともと集合を調査対象とするため、その集合の体系と構造の解明に貢献しやすい性格を持っている。たとえば、ある小説の度数順の語彙表を作成した場合、それはその小説の見出し語の体系表であり、また度数順に見出し語を並べた量的構造表ということになる。さらに各見出し語の順位と使用度数から以下のような量的構造（ジップの法則）を導き出すこともできる。

$$順位(L) \times 使用度数(F) = 一定の数(C)$$

以上のような語彙の量的構造を解明することは、計量語彙論の究極的な目的である。非統計的な、いわば伝統的な言語研究の問題点としては、そのほとんどが小さなテーマしか扱わないということである。その小さなテーマの中ではその研究結果が妥当だとしても、そのテーマを内包する、より大きなテーマ、つまり言語の体系や構造の中でもその研究結果が妥当なものかどうかは、その発表時点では判断がつかないことが多いということである。

統計的な研究は、その問題点が最初からクリアーされているので、それがもっとも重要な長所ということができる。

【結論】 統計は、文系の研究者・学生にとっては、初めは取っつきにくい。しかし、その手法さえ習得できれば、分析表やグラフの作成、さらには分析や解釈まで定石化されているため、最後までほぼ機械的に作業を進めることができる。そして、調査対象がこれまでに他の研究者に取り上げられていなければ、初心者でもオリジナルな結果を出すことは困難ではない。以上のことから、統計的手法はむしろ初心者向きの調査・研究方

法ということができる。

また、統計的研究は集合を扱うため、言語の体系や構造を解明しやすいという性格があり、これが部分的なテーマを扱いやすい伝統的な言語研究を補うことができる。

2. 品詞の度数分布表（質的データ）

2.1 質的データと量的データ

統計的データは「質的データ（qualitative data）」と「量的データ（quantitative data）」の2つに大別される。

「質的データ」とは、あらかじめ範疇（カテゴリー）に分けられているデータのことである。言語データとしては、「字種（仮名・漢字・英字）、品詞（名詞・動詞・形容詞・…）、語種（和語・漢語・外来語・混種語）」などがある。

「量的データ」とは、数値として表されるデータのことで、「字数、語数、語長、文長」などがある。

次節以降では、「質的データ」として「品詞」を、「量的データ」として「語長」と「文長」とを研究事例として取り上げていく。

2.2 度数分布表とは何か

言語データ（観測値）をただやみくもに集めても、すぐ分析できるようになるわけではない。まず、分析しやすくなるように言語データを整理してわかりやすい表を作成しておく必要がある。そのもっとも基本的なものが「度数分布表（frequency table）」である。なお、分布とはバラツキの様子のことで、度数分布表はその分布を数値の形で表した表である。これにより、平均値だけでは知りえない、集団の特徴を把握できるようになる。

この表は質的データでも量的データでもまず最初に作成されるが、データにより多少の違いがある。具体的には後述するが、ここでは、品詞という質的データの度数分布表を扱っていく。

表A.1は素材テクスト『銀河鉄道の夜』（以下『銀河』）の「天気輪の柱（冒頭部分153語）」で使われた品詞の度数分布表である。この表では、素材テクストで使用された品詞が使用度数の高い順に並べられている。第1列目には、調査対象である自立語の「品詞」名が

表A.1　『銀河』の品詞度数分布表

品詞	度数	累積度数	構成比率（相対度数）	累積比率（累積相対度数）
名	81	81	52.9%	52.9%
動	40	121	26.1%	79.1%
形容	9	130	5.9%	85.0%
副	8	138	5.2%	90.2%
形動	7	145	4.6%	94.8%
連体	7	152	4.6%	99.3%
接続	1	153	0.7%	100.0%
合計	153		100.0%	

並び、第2列目には各品詞の「度数（frequency）」が度数の高い順に並び、第3列には「累積度数」が並ぶ。「累積度数」というのは、「度数の上位の値から順に各品詞の度数を加えて得た値」のことなので、最後の値は合計値と同じになる。

第4列目には「構成比率（相対度数 relative frequency）」が並ぶ。構成比率は「度数の割合」のことである。第5列目の「累積比率」は「累積度数の割合」のことで、最後の値は100％になる。

以上の度数分布表により分析が可能となるが、通常は度数分布の状況を視覚的に認識して、分析をしやすくするためにグラフ化する。質的データでは「パレート図」がよく使われる。

2.3 パレート図の作成

「パレート図」とは、調査対象を度数順に並べた縦棒グラフと、それらの累積比率を示す折れ線グラフを組み合わせた図のことである。表 A.1 に基づいて作成したパレート図が図 A.1 である。縦棒グラフが各品詞の度数を表しており、左の縦軸の目盛りを見る。折れ線グラフは品詞の累積比率を表しており、右の縦軸の目盛りを見る。

2.4 分布を解釈する2つの視点

ここではデータの分布を解釈する2つの視点について説明していく。データの統計的な分析の目標は表やグラフを作成することではなく、そこから分布に関する傾向（情報）を読み取ることにある。表やグラフはそのための手段であり、また、読み取った情報をほかの人にわかりやすく説明するための道具である。データの分布を表やグラフに表した後、どこに着目してそれらを解釈すべきかに関しては、いわば「定石」があり、以下の2つの視点がそれである。

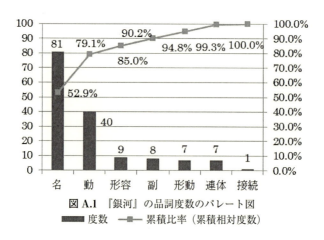

図 A.1 『銀河』の品詞度数のパレート図
■ 度数　■ 累積比率（累積相対度数）

① 集団の中の多数（過半数以上）が従う平均的な傾向をつかむ。
② 集団の中の多数と異なる働きをする少数のケースの正体を探る。

視点①には、集団の特徴を100%正確につかむのではなく、大体の中心的傾向、つまり平均的傾向をおさえるという統計学の基本姿勢が表れている。

視点②は、集団の中に潜むきわめて少数の異質性を探ることで、想定外の発見が期待できる視点である。

日本語の計量的研究では視点①だけを注目する傾向があるが、視点②の「少ない」、さらにいえば「ない」という情報は存外に重要である。

2.5 ABC分析（パレート分析）とは何か

「ABC分析（パレート分析）」とは「重点分析」とも呼ばれ、調査対象の累積比率の高さを基準にして、調査対象を以下のABCの3ランクのグループに分けるための分析方法である。

　　Aランク…視点①の項目　　　　累積比率が約50-60%
　　Bランク…視点①に準ずる項目　累積比率が約60-80%
　　Cランク…視点②の項目　　　　累積比率が約80-100%

この方法はこれまで、企業における在庫管理などで原材料、製品（商品）などの管理に使われてきた手法であるが、言語データの分析方法としても十分に応用可能である。ただし、多品種の商品の場合は以上の基準できれいに分類できるが、品詞のように種類が少ない場合は基準から少しずれることもあるので、柔軟に解釈する必要がある。

2.6 パレート図にABC分析を適用する

図A.1のパレート図にABC分析を適用すると以下の結論が得られる。
① 名詞だけで過半数（50%）を超えており、名詞が中心的傾向、つまりAランクであることがわかる。
② 名詞と動詞の比率を足すと79.1%となるので、動詞がBランクということになる。
③ 残りの20.9%を占めるその他の品詞がCランクとなる。

2.7 品詞構成比率とパレートの法則

Aランクの名詞とBランクの動詞という2つの品詞だけで、素材テキストの延べ語数の80%近くを占めているわけだが、この品詞の分布は以下の「パレートの法則」に従っている。

　　全体の数値の大部分は、全体を構成する要素の一部が生み出している。

これを品詞に言い換えると以下のようになる。

付録A　ことばの統計学入門

素材テクストの延べ語数の大部分は、全7品詞のうちの2品詞（名詞、動詞）だけで生み出している。

この法則は、イタリアの経済学者ヴィルフレド・パレート（Vilfredo Pareto）が1897年に提唱した経済に関する法則で「全所得の8割は、人口の2割の富裕層が負担している」というもので、「20：80の法則」とも呼ばれる。そのほかの経済現象でも以下のように認められている。

(1) 商品の売上の8割は、全商品銘柄のうちの2割、顧客のうちの2割で生み出している。
(2) 仕事の成果の8割は、費やした時間全体のうちの2割の時間で生み出している。
(3) 売上の8割は、全従業員のうちの2割で生み出している。
(4) 故障の8割は、全部品のうち2割に原因がある。

ところが、経済以外にも自然現象や社会現象などさまざまな事例に当てはまることが明らかとなった。たとえば、

(5) 離婚件数の80％を離婚経験者20％が占めている。つまり、この20％の人が、結婚と離婚を繰返しているため、離婚率が実態以上に高くなっているのである。
(6) 犯罪の80％を20％の犯罪者が占めている。
(7) 交通事故の80％を20％のドライバーが占めている。
(8) 試験問題の80％は、その学科に関する20％の知識で十分に答えられる。「山をかける」という試験対策が成立する所以である。
(9) 蟻の群れのうち、働いているのは20％で、働かないのは80％である。その働き蟻の20％を群れから隔離すると、残った怠け蟻のうちの20％が新たな働き蟻になることが確認されている。その理由としては、怠け蟻の80％は実は兵隊蟻で、敵襲に備えて体力を温存しているのだという説がある。
(10) 都市の交通量の8割は、都市全体の道路の2割に集中している。
(11) スクロールせずに見ることができるコンテンツに80％の時間を割き、スクロールしないと見られないコンテンツには20％の時間しか割かない。
(12) コンピューターを使う時間の約80％が、全機能の約20％に集中している。逆にいうと、全機能の約20％がコンピューターの仕事の約80％をこなしていたということになる。

（以上、R. Koch（1997））

3. 語長の度数分布表（量的データ 1）

ここでは各作品で使用された語の長さ（語長）の度数分布の調査法とヒストグラム分析を紹介する。

語長の度数分布表は、主に計量文献学の「著者推定問題」の分析に使われてきた。その最初の研究はメンデンホール（T.C. Mendenhall (1887)）にまでさかのぼる。

3.1 語長の度数分布表の作成

つぎの表 A.2 は『銀河』、表 A.3 は『吾輩は猫である』（以下『吾輩』）で使われた語長の度数分布表である。ここでの「語」とは「見出し語」のことで、「長さ」とは「見出し語の拍数（モーラ数）」のことである。この表では、素材テクストで使用された語の語長順に並べられている。第 1 列目には、語長が並び、第 2 列目には各語長の度数が語長順に並び、第 3 列には度数の比率が並ぶ。

前節の品詞の度数分布表と比べると、品詞の方は度数順に並んでいるのに対し、語長では語長順に並んでいる点に違いがある。これは、品詞には順序はないが、語長には順序があるという点に原因がある。ここに質的データと量的データの度数分布表の違いが出ている。

3.2 語長のヒストグラムの作成

図 A.2 は『銀河』の語長のヒストグラム（histogram＝度数分布図）である。ヒストグラムとは「度数分布を表した柱状グラフ」のことである。統計ではもっとも基本的なグラフである。縦軸にデータの度数、横軸にデータの値（語長を表す拍数）をとったグラフで、データの分布状況を見やすくする目的で使われる。

前節の縦棒グラフとの違いは棒と棒との間に透き間を入れないという点である。これ

表 A.2 『銀河』の語長の度数分布表

語長	度数	比率
1	2	1.3%
2	55	35.9%
3	43	28.1%
4	35	22.9%
5	14	9.2%
6	4	2.6%
合計	153	100.0%

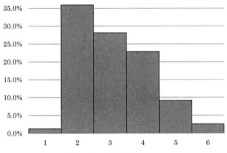

図 A.2 『銀河』の語長のヒストグラム

付録A　ことばの統計学入門

表 A.3　『吾輩』の語長の度数分布表

語長	度数	比率
1	0	0.0%
2	66	47.5%
3	33	23.7%
4	27	19.4%
5	8	5.8%
6	3	2.2%
7	0	0.0%
8	2	1.4%
合計	139	100.0%

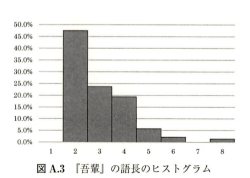

図 A.3　『吾輩』の語長のヒストグラム

は量的データでは全体として見たときに序列が生じ、データが連続しているために透き間が入らないのである。一方、品詞のような質的データでは、個々の品詞が独立していることを表すために透き間を入れるのである。ここにも質的データと量的データの違いが出ている。

3.3　ヒストグラムの分布型

分析に入る前にヒストグラムの分布型を確認しておく（図 A.4）。ヒストグラムの分布型としては、以下の4つのパターンが代表的である。
（A）単峰性（山が1つ）で左右対称な形
（B）多峰性（山が2つ以上）を示す形　＊山が2つの場合は2峰性とも。
（C）単峰性で非対称な形
（D）外れ値がある形

3.4　ヒストグラムのチェックポイントと分析

以下は、ヒストグラムのチェックポイントである。
① 分布の中心傾向（過半数）はどのあたりに位置しているか（分布の位置）
② 分布はどの程度の広がりを持っているか（分布の散布度）
③ 分布は左右対称であるか、歪んでいるか（分布の歪度）
④ 分布が統計的にどのような分布型になるか（分布の型）
度数分布表（表 A.2, 表 A.3）とヒストグラム（図 A.2, 図 A.3）の形から、各チェックポイントごとの事実を記述し、その原因を解釈する。

3. 語長の度数分布表（量的データ 1）

(A) 単峰で左右対称なヒストグラム
　　データが集中している部分
　　（峰，山）が1つ

(B) 2峰性のヒストグラム
　　データが集中している部分
　　（峰，山）が2つ

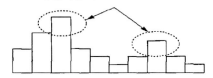

(C) 非対称なヒストグラム

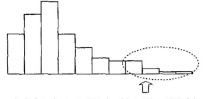 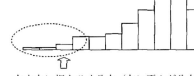

右方向に裾をひく分布（右に歪んだ分布）　　左方向に裾をひく分布（左に歪んだ分布）

(D) 外れ値があるヒストグラム
　　データの大部分が含まれるデータ値の区間からかけ離れたところに位置するデータ

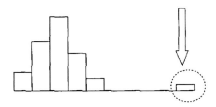

図 A.4　ヒストグラムの代表的分布型（熊原・渡辺（2012））

① 分布の中心傾向はどのあたりに位置しているか（分布の位置）
　　a.『銀河』は2〜3拍語で64.0％を占めるので中心傾向となる。
　　b.『吾輩』は2拍語で47.5％を占めるのでほぼ中心傾向ということができる。過半数にはわずかに達していないが、全体の状況次第では基準は多少ゆるめることができる。

【原因】　2作品とも語長が短い見出し語の度数が高いという傾向を示している。この原因としては「よく使われる単語は短く、あまり使われない単語は長い」という「ジップの派生法則」に従っている。この法則はどの言語にも当てはまるが、1拍語は例外となる。というのは、1拍語は同音異義語が多いことから、その使用

はかえってコミュニケーションに支障を来たすため使用が避けられる傾向が顕著だからである。

② 分布はどの程度の広がりを持っているか（分布の散布度）
　『銀河』の語長分布のバラツキは1拍語から6拍語であるのに対し、『吾輩』は2拍語から8拍語であることから、後者の方がバラツキの幅が広いことがわかる。
　【原因】　『銀河』は童話なのに対し、『吾輩』は成人向けの小説である。成人向けの小説では童話には出てこないような専門用語や大人しか使わないような語なども使われるので語長分布のバラツキの幅は広くなりがちである。
　　・『吾輩』の8拍語の例：なんとかかんとか、タカジアスターゼ

③ 分布は左右対称であるか、歪んでいるか（分布の歪度）
　どちらの作品も非対称で右にゆがんだ分布である。
　【原因】　「ジップの派生法則」で説明できる。

④ 分布は統計的にどのような型になるのか（分布の型）
　『銀河』も『吾輩』もデータが集中している山が2拍語の1つしかないので「単峰性（unimodal）分布」であることがわかる。
　【原因】　「ジップの派生法則」で説明できる。

4. 基本統計量

4.1 基本統計量とは何か

統計的手法を使ってことばを分析するということは、ことばの集合の傾向を数値でとらえることを意味する。その数値として、統計学ではつぎの2つを使うが、これを基本統計量と呼ぶ。

　代表値：1つの集合の傾向を代表する値
　散布度：1つの集合のなかのバラツキの度合いを表す値

4.1.1 代表値

素材テクスト全体の量的傾向をつかむためには、度数分布表やグラフを作って、それらを分析するという方法をこれまで紹介してきた。

それに対して、量的傾向そのものを1つの数値で代表させるという方法もあり、その方法で使われるのが代表値である。代表値には、以下のようなものがある。

① 平均値：　データの数値を合計したものを、そのデータの個数で割ったもの。いわゆる算術平均をさす。ミーン（mean）ともいう。記号としては、$\overline{X}$（エックスバー）や、m（エム）、μ（ミュー）、E（イー）などが使用される。

4. 基本統計量

② 最頻値： データのなかで最大の使用度数を持つ値（カテゴリー）。モード（mode）ともいう。
③ 中央値： データを大きさの順に並べたとき、ちょうど中央にくる値。メディアン（median）ともいう。

4.1.2 散布度

代表値は、確かにある集合の傾向を表しているが、集合の全体を見渡したときの、データのかたよりは無視されることになる。そのため、代表値だけを根拠にした場合に、語彙分析のような集合の性質の分析を誤ることが起こりやすい。そこで、ことばの分布全体の姿を数字で表すには、データの散らばりの度合い、つまり散布度を使う。分布の傾向をつかむためには、代表値だけではなく、散布度も用いたほうがより多くの情報に基づいて分析を行うことになるので実相により近い結果が得やすくなる。散布度を表す数値には、以下のようなものがある。

① 範囲： 観測した値（観測値）の最大値から最小値を引いたもの。レンジ（range）とも呼ばれる。
② 分散： 各データと平均値との差（偏差）を二乗したものの平均。
③ 標準偏差： 分散の平方根。
④ 四分位偏差： 第3四分位数（観測データの大きい値から25％の観測値）から第1四分位数（小さい値から25％の観測値）を引いたものが、四分位範囲で、それを2で割った値。

以下では、代表値として「平均値」と「最頻値」と「中央値」、散布度として「範囲」と「分散」と「標準偏差」を取り上げて、具体的に説明していく

4.2 平均値と中央値の違い

図A.5、A.6は横軸（数値軸）上に、個々のデータ（黒丸）がばらついている状態を示している。

「平均値」とは、データ値の場所に同じ重さのおもりを置いていったときの、ちょうどバランスのとれる重心の位置ということ

図 A.5　平均値はデータが釣り合う位置（熊原・渡辺（2012））

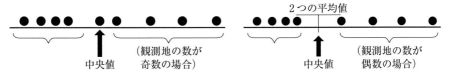

図 A.6　中央値はデータを半分に分ける位置（熊原・渡辺（2012））

になる。

「中央値」は、真ん中（の値）より大きいデータの数と小さいデータの数が同じになる場所である。この場合、図A.6のようにデータ（観測値）が奇数の場合は真ん中のデータが中央値になるが、偶数の場合は真ん中のデータがないので、真ん中の両脇のデータの平均値が中央値となる。

4.3 代表値の性質と読み方

図A.7は左右の方向に歪んだ分布と左右対称な分布に対して、3つの代表値の位置関係を示している。

(1) どのようなときに、平均値と中央値と最頻値は近い値や、遠い値をとるのか。

真ん中の図のように、データのバラツキが単峰で左右対称であれば、平均値も中央値も最頻値も同じ値をとり、どれも分布の中心を示す。一方、両端の図のようにデータのバラツキ方が歪んでいる場合は、平均値はデータ値の大きさでバランスをとるため、歪んでいる方向に引きずられて大きめの値や小さめの値となってしまうことになる。また、最頻値は歪みにかかわりなく、常にデータのなかの最大の使用度数の位置を動かないため、歪んでいる方向とは反対の方向に大きめの値や小さめの値となる。

(2) 平均値と中央値の値が異なるとき、どちらの値をデータの代表値（分布の中心）と考えたらよいのか。

一方、中央値はデータの順位情報を利用しているため、分布の両端の値の影響を受けずに、常に分布の面積（度数）を半分に分ける位置を示す。つまり、中央値は分布の歪みに対して頑健（ロバスト）であるのに対して、平均値や最頻値は歪みに対して頑健ではないということになる。

このことは、歪んだ分布では、もはや平均値や最頻値で分布の中心傾向を測ることはできないので、中央値で測るほうが適切だということになる。

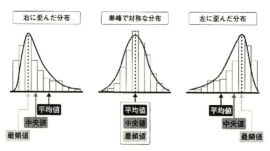

図A.7 分布の形と中心傾向を測る3つの指標（熊原・渡辺（2012））

5. 文長の度数分布表（量的データ2）

ここでは波多野（1950）に基づき、近代小説の文長の調査事例を紹介する。素材テクストは、谷崎潤一郎『陰翳礼讃』、芥川龍之介全集第5巻、森鷗外『青年』（以上、中央公論社（1935）所収）の3作品で、各作品の全体的なデータは表A.4のようになる。どの作品も500文を抽出しているが、これはできるだけ条件をそろえるという配慮による。

表 A.4　素材テクストの全体的データ

	芥川	鷗外	谷崎
合計字数	14,292	16,170	32,689
文数	500	500	500

5.1　階級幅のある度数分布表について

量的データの度数分布表は語長分布のときにも作成した。語長の場合は長さの幅が1拍語から8拍語までだったので、度数分布表では各拍数ごとの度数を数えるだけでよかった。ところが、文長の場合は長いものでは176拍（字）の文があるので、同じ表の作り方では極端に長い表ができることになる。

以上のような問題を解決するためには、文長データをいくつかのグループに分けて、それぞれのグループにいくつの文長データが含まれるかを調べる方法が有効となる。そのデータを一定の幅で分けた区間を「階級」という（表 A.5～A.7）。階級の左の数値は「それ以上」、右の数値は「それ未満」を意味する。それぞれの階級の真ん中の値を「階級値」といい、階級の代表値となる。このような表を「階級幅のある度数分布表」といい、語長の節で紹介した表を「階級幅のない度数分布表」という。

表 A.5　芥川の文長の度数分布表

階級（拍）以上 － 未満	度数	相対度数（％）	階級値（拍）
0 － 10	4	0.8	5
10 － 20	66	13.2	15
20 － 30	242	48.4	25
30 － 40	113	22.6	35
40 － 50	45	9.0	45
50 － 60	28	5.6	55
60 － 70	2	0.4	65
合計	500	100.0	

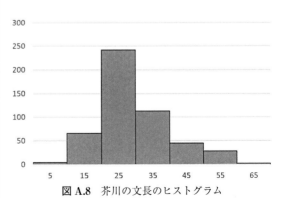

図 A.8　芥川の文長のヒストグラム

表 A.6　鷗外の文長の度数分布表

階級（拍）以上－未満	度数	相対度数(%)	階級値(拍)
0 – 10	31	6.2	5
10 – 20	125	25.0	15
20 – 30	122	24.4	25
30 – 40	80	16.0	35
40 – 50	60	12.0	45
50 – 60	34	6.8	55
60 – 70	18	3.6	65
70 – 80	10	2.0	75
80 – 90	6	1.2	85
90 – 100	1	0.2	95
100 – 110	8	1.6	105
110 – 120	2	0.4	115
120 – 130	2	0.4	125
130 – 140	0	0.0	135
140 – 150	1	0.2	145
合計	500	100.0	

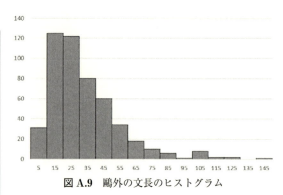

図 A.9　鷗外の文長のヒストグラム

5.2　文長の度数分布表とヒストグラムを分析する

ここでは、前述したヒストグラムのチェックポイントに基づいて、3作品の文長の度数分布表とヒストグラムを分析していく。表 A.8 は、3作品の文長の分布を比較しながら作家間の文体的親近関係を明らかにするための分析表である。

(1)の「中心傾向の位置」は階級値で見ると、芥川は 25、鷗外は 15-25 と、25 の部分で重なっているが、谷崎は 35-65 と両者よりも 10 拍以上も長い。ここから文長の中心傾向の位置は芥川と鷗外は近いが、谷崎は遠いことがわかる

(2)の「分布全体の広がり」は谷崎 (5-175) > 鷗外 (5-145) > 芥川 (5-65) の順に文長のバラツキが小さくなっていく。谷崎と鷗外の最大値の差は 30 (175-145)、鷗外と芥川の最大値の差は 80 (145-65) であることから、文長のバラツキでは谷崎と鷗外とが芥川よりも近いことがわかる。

(3)の「分布の歪度」はどの作家も「非対称で右に歪んだ分布」である。

(4)の「分布の型」は単峰性分布である点はどの作家にも共通している。なお、鷗外のヒストグラムでは階級値 135 が欠けているので、一見「外れ値」のように見えるがこれは「外れ値」ではない。というのは「外れ値」はデータが連続している部分から「かけ離れたところ」に位置するデータのことだからである。さらに言えば欠けている階級値 135 の部分は、全体の階級幅を広くして再計算するとデータで埋めることができる。

以上をまとめると、中心傾向では、谷崎が文長の長いほうに、鷗外は短いほうに偏っており、芥川はその中間にあるということになる。

5. 文長の度数分布表（量的データ2）

表 A.7　谷崎の文長の度数分布表

階級（拍）以上 - 未満	度数	相対度数(%)	階級値（拍）
0 - 10	2	0.4	5
10 - 20	14	2.8	15
20 - 30	38	7.6	25
30 - 40	64	12.8	35
40 - 50	62	12.4	45
50 - 60	75	15.0	55
60 - 70	51	10.2	65
70 - 80	49	9.8	75
80 - 90	37	7.4	85
90 - 100	30	6.0	95
100 - 110	24	4.8	105
110 - 120	24	4.8	115
120 - 130	8	1.6	125
130 - 140	9	1.8	135
140 - 150	3	0.6	145
150 - 160	3	0.6	155
160 - 170	4	0.8	165
170 - 180	3	0.6	175
合計	500	100.0	

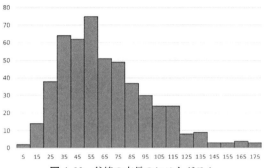

図 A.10　谷崎の文長のヒストグラム

表 A.8　3作品の分布的特徴の分析表

分布的特徴	芥川	鷗外	谷崎
(1) 中心傾向の位置	25	15-25	35-65
(2) 分布全体の広がり	5-65	5-145	5-175
(3) 非対称で右に歪んだ分布	○	○	○
(4) 単峰性の分布	○	○	○

表 A.9　3作品の代表値

	芥川	鷗外	谷崎
平均文長	28.6	32.3	65.4
最頻値	24	21	43
中央値	25	26	58

5.3　文長の代表値の調査

　前節で明らかになったように、3作品に共通しているのは「単峰性で右に歪んだ分布」という点である。この場合の代表値としては、中央値がふさわしいということはすでに述べた。

　つまり、芥川は25拍、鷗外は26拍、谷崎は58拍となるため、中央値だけで判断すると芥川と鷗外の文体は近いことになる。なお、芥川のヒストグラムは3者の中では左右対称に一番近いため、平均、最頻値、中央値が近い値になっていることがわかる。

5.4 文長の分散値の調査

分散値のどの値でも、数値が大きいほうが、バラツキも大きいと判定される。分散値のどの値を見ても、バラツキが大きいのは、谷崎＞鷗外＞芥川の順になる。ここで注目されるのは、代表値では文体が近いと判定された鷗外と芥川は分散値で

表 A.10　3作品の分散値

	芥川	鷗外	谷崎
範囲	55	137	168
分散	112.4	468.7	1060.3
標準偏差	10.6	21.6	32.6

は大きな違いがあり、むしろ鷗外と谷崎が近いことが認められたことである。

このことは、1つの指標だけで結論を下す危険性を示しており、代表値だけではなく分散値も調査することにより、より真理に近づけることを意味している。

6. まとめ

1. 統計が得意なこと
① 集合の調査・研究が得意
② 調査・分析作業の機械的進行が得意
③ 新たな知見（仮説）の発見が得意
④ 将来予測が得意
⑤ 体系と構造の解明が得意

【結論】　統計は初めは取っつきにくいが、その手法さえ習得できれば、むしろ初心者向きの調査・研究方法といえる。

2. 品詞の度数分布表（質的データ）

質的データの分析では、度数分布表とパレート図を作成し、パレート図に ABC 分析を適用する。『銀河』の品詞構成比率を調査事例にしたところ、以下の結果が得られた。
① 名詞だけで過半数（50％）を超えており、名詞が中心的傾向、つまり A ランクであることがわかる。
② 名詞と動詞の比率を足すと 79.1％ となるので、動詞が B ランクということになる。
③ 残りの 20.9％ を占めるその他の品詞が C ランクとなる。
また、この品詞の分布は「パレートの法則」に従っている。

3. 語長の度数分布表（量的データ 1）

語長のような量的データの分析では、度数分布表とヒストグラムを作成し、ヒストグラムの分布型をチェックする。『銀河』と『吾輩』の語長分布を調査事例にしたところ、以下の結果が得られた。
① 『銀河』は 2〜3 拍語、『吾輩』は 2 拍語が中心傾向である。
② 『銀河』の語長分布のバラツキは 1 拍語から 6 拍語であるのに対し、『吾輩』は 2 拍語から 8 拍語であることから、後者の方がバラツキの幅が広いことがわかる。
③ どちらの作品も非対称で右にゆがんだ分布である。

④ どちらの作品もデータが集中している山が2拍語の1つしかないので「単峰性分布」である。

4. 基本統計量
代表値：　1つの集合の傾向を代表する値：①平均値、②最頻値、③中央値
散布度：　1つの集合のなかのバラツキの度合いを表す値：①範囲、②分散、③標準偏差、④四分位偏差

5. 文長の度数分布表（量的データ2）

文長のような量的データの分析では、「階級幅のある度数分布表」とヒストグラムを作成し、3作品の文長の分布を比較しながら作家間の文体的親近関係を明らかにするための分布的特徴の分析表を作成する。谷崎と芥川と鷗外の作品の文長分布を調査事例にしたところ、以下の結果が得られた。

①の「中心傾向の位置」は、芥川は25、鷗外は15-25と、25の部分で重なっているが、谷崎は35-65と両者よりも10拍以上も長い。ここから文長の中心傾向の位置は芥川と鷗外は近いが、谷崎は遠いことがわかる。

②の「分布全体の広がり」は谷崎（5-175）＞鷗外（5-145）＞芥川（5-65）の順に文長のバラツキが小さくなっていく。谷崎と鷗外の最大値の差は30（175-145）、鷗外と芥川の最大値の差は80（145-65）であることから、文長のバラツキでは谷崎と鷗外とが芥川よりも近いことがわかる。

③の「分布の歪度」はどの作家も「非対称で右に歪んだ分布」である。

④の「分布の型」は単峰性分布である点はどの作家にも共通している。

ここで注目されるのは、代表値では文体が近いと判定された鷗外と芥川は分散値では大きな違いがあることで、このことは、1つの指標だけで結論を下す危険性を示している。

■ 参 考 文 献

伊藤雅光（2002）『計量言語学入門』　大修館書店
熊原啓作・渡辺美智子（2012）『改訂版 身近な統計』　放送大学教育振興会
中央公論社（1935）『文壇出世作全集：中央公論社五十周年記念』
波多野完治（1950）『現代文章心理学』　新潮社
Mendenhall, T.C.（1887）The characteristics curves of composition, Science, 11, 237-249
Koch, Richard（1997）"The 80/20 Principle：The Secret to Achieving More with Less", 21st Century Books（リチャード・コッチ 著、仁平和夫 訳（1998）『人生を変える80対20の法則』　TBSブリタニカ）

付録B コンピュータは日本語をどう扱うか

[荻野紫穂・白井英俊]

　この付録では、大量の文章（コーパス）から抽出した情報を使って、コンピュータがどのように文章を単語に切ったり、係り受け関係を付与したりする処理をしているかについて説明する。難しそうに見える表記や、細かい計算が出てくるが、追いかけてみると、それほど難しい内容は含まれていないことがわかるだろう。表面的な数字表記だけで毛嫌いせずに、書かれている手順を追ってみてほしい。

1. 日本語の文字をコンピュータでどのように表現しているか

　コンピュータは1か0を表す「ビット」と呼ばれる単位を基本として、すべての情報を表現する。ビットが8つ集まったものが、1バイト（1B）という単位になる。1ビットで0または1の2種類のデータを表すことができるので、ビットが8つ集まった1バイトでは、$256(=2^8)$通りのデータを表すことができる。

　このバイトという単位を念頭に置いて、英文に現れる任意の1文字をコンピュータに記憶する例を考えてみよう。コンピュータの中では、文字は、文字コードと呼ばれるID番号で表現されている。「％」は37、「A」は65、「B」は66、…のように、各文字に固有の番号があらかじめ付与されていて、コンピュータ内部では、文字はその番号で呼ばれているイメージで考えるとよい。英字は大小文字合わせて52文字あるが、数字や％などの記号、さらにタブや改行などの「制御文字」を足すと100種類くらいになる。その中の任意の1文字をコンピュータに記憶する場合、100種類の番号を区別して記憶できる容量があればよい。つまり、256種類の情報を表現できる1バイトの容量があれば、英文に現れる任意の1字をコンピュータで表すのに十分なのである。このような英数字や記号、基本の制御文字をコンピュータで表現する方式を文字コード体系と呼び、1963年に制定されたASCII（American Standard Code for Information Interchange、アスキー）と呼ばれる表現形式が基準となっている。

　ここで日本語の文字について考えると、常用漢字だけでも2,136字あるので、1バイトでは表現できないことがわかる。そこで日本語の文字を2バイト（16ビット、$2^{16}=65,536$通り）で表現する文字コード体系として1978年にJIS X 0208が制定され、Windows OSではこれを基にした通称Shift JIS（シフトジス）コード体系の拡張版であるCP932が用いられている。1990年代からはUnicode（ユニコード）と呼ばれるコード体系が広く使われるようになり、Linux OSでは、Unicodeの一種であるUTF-8（ユーティーエフエイト）が標準になっている。

　上記の例が示すとおり、日本語処理では、日本語の文字をどの文字コードで表すかと

いう選択がある。オペレーティングシステムやプログラムが想定している文字コードと、入力されたテキストの文字コードが違うと、プログラムが動かなかったり、辞書やコーパスが使えなかったり、ウェブページが文字化けしたりする。文字化けが起こった場合は、文字コードの設定がおかしくないかどうか、確認したほうがよい。

現在の自然言語処理の場合、文字コードとして UTF-8 を基本とすることが多いが、広範囲に普及しているオペレーティングシステムである Windows が歴史的に Shift JIS を用いていたことから、Windows 上では Shift JIS での入力・出力ができるようになっているものも少なくない。

2. 統計と確率による自然言語処理

2.1 コンピュータでどうやって文を単語に切り分けるか

文は文字が連なってできている。前節で説明した方法によってコンピュータで文字を表現できるようになれば、文を処理することもできるようになる。日本語学で語彙論・構文(統語)論などを扱う際には、文を単語または形態素に区切って処理単位とすることが多いのと同様、自然言語処理においても、いろいろな場面で、入力文字列を語に区切る処理が行われる。

コンピュータは、「人間が何を単語だと思っているか」「人間は文をどう単語に区切るのが正しいと思っているか」という概念を共有していない。たとえば、人間は、「にわにはにわにわとりがいる」というひらがなの文を「庭には二羽鶏が居る」というかな漢字交じり文に変換することができる。人間がこの変換を行う背景には、「庭」は単語であるとか、「庭」の後には漢数字の「二」を使うことよりも助詞の「に」を使うことのほうが多いといった、日本語に関する暗黙の知識が存在している。人間はその知識を無意識に使って、「にわ」を「庭」に置き換え、「にわ」の後の「に」は漢字の「二」に変換せずにひらがなの「に」のままにする、といった一連の作業を行っている。しかし、コンピュータは、そうした日本語に関する知識を持っていない。処理対象となる言語が日本語でなく、英語などのほかの言語であっても、人間が当たり前に持っている自然言語に関する知識を、コンピュータは持っていない、という状況は同じである。

このため、自然言語処理では、人間が持つ自然言語の知識をうまく模すことができそうな情報を、大量の文章から抽出して、コンピュータが自然言語を処理する際の知識として使用している。大量の文章の中で頻繁に使われている言語現象は、「自然言語として使われる可能性が高い」と考えられる。逆に、ほとんど使われていない言語現象は、「自然言語として使われる可能性が低い」と考えることができる。自然言語処理においては、このような「頻繁に使われる言語現象」「ほとんど使われない言語現象」の情報を集めてまとめたものを、人間の知識の代わりに使用している。コンピュータは、処理結果を最初から一つだけ作るのではなく、たくさんの候補をまず作ったうえで、上記の代用知識

を使って、一番「もっともらしい」一つを選ぶ、という手順で処理を行っている。この「もっともらしい」は、多少長い表現を使うなら、「自然言語として実際に使われる可能性が高い」「実際のことばとして使われそうである」などと言い換えてもよい。

本節では、自然言語処理の応用例としてかな漢字変換と形態素解析を取り上げる。かな漢字変換は「にわにはにわにわとりがいる」のようなかな（ローマ字でもよい）文字列を「庭には二羽鶏が居る」という漢字かな混じり文に変換するツールである。形態素解析は、10章の冒頭で例示したMeCabのように、文章を単語に切って品詞に付与する仕組みであり、日本語データの解析や資料分析に欠かせないツールである。この付録の末にあげたMeCabやJUMANなどのように、精度が高いフリーの形態素解析プログラムが公開されている。

かな漢字変換の場合はかな文字列が入力、形態素解析の場合はかなや漢字が混じった文字列が入力、という違いはあるものの、その仕組みはよく似ており、どちらにおいても、入力された文字列を単語や形態素（以後、単に『単語』と呼ぶ）に区切るバリエーションを候補として作成し、それぞれの候補について日本語としてのもっともらしさを算出して、一番もっともらしそうな候補を選ぶ、という処理が行われる。

2.2 単語ラティス構造の作成

入力された文字列を単語に区切るバリエーションを作成する手順を以下に示す。

① あらかじめ、単語の辞書を用意しておく。フリーで公開されている辞書も多い。例えば、形態素解析用の辞書としては、UniDic（古典日本語の辞書もある）などがフリーで公開されている。

② 入力された文字列の各部分文字列について辞書を引き、入力された文字列の一部分になり得る単語や形態素の候補リストを作成する。例えば、かな漢字変換への入力文字列が「にわ」であるとすると、そこには「に」「わ」「にわ」という部分文字列が含まれている。これらの部分文字列について辞書を引いた結果である「に」「二」「庭」「羽」などを合わせたものが単語候補のリストとなる。

③ 単語候補のリストの各要素を、対応する部分文字列が入力文字列の中で出現する順番に従ってつなぎ、「単語ラティス構造」と呼ばれる構造を作る。図B.1に示したのは、入力文字列が「にわにはにわにわとりがいる」である場合のかな漢字変換の単語ラティス構造である。□で囲まれたノードが単語を表し、ノードとノードを結ぶ線（アーク）は、その前後の単語同士が入力文字列の中に連続して出現している可能性を表している。図B.1から例をあげると、「にわ」という部分文字列に対応する単語候補「庭」の後ろにアークでつながっている語は「二」と「に」がある。これは、「にわにはにわにわとりがいる」の最初の3文字「にわに」の解釈として、「庭」に「二」が続いている可能性と、「庭」に「に」が続いている可能性の双方が

2. 統計と確率による自然言語処理

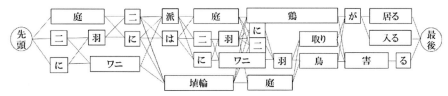

図 B.1　かな漢字変換をするときに作られる単語ラティス構造の例
「は」には『派』以外に『葉』など多くの候補があるが省略した。

あることを示している。

　単語ラティス構造のアークを入力文字列の先頭から入力文字列の最後までたどった道筋（パス）上にある単語列が、入力（かな漢字変換ではかな文字列、形態素解析ではかな漢字混じり文）に対する可能な出力（かな漢字変換ではかな漢字混じり文、形態素解析では形態素の列）、つまり、入力文字列を単語に区切るバリエーションである。図B.1のかな漢字変換に使用される単語ラティス構造で言うと、

- 「庭」-「二」-「派」-「庭」-「鶏」-「が」-「居る」
- 「庭」-「に」-「派」-「庭」-「鶏」-「が」-「居る」

……

- 「庭」-「に」-「は」-「二」-「羽」-「鶏」-「が」-「居る」

……

- 「に」-「ワニ」-「埴輪」-「庭」-「鳥」-「害」-「る」

などが、入力である「にわにはにわにわとりがいる」を単語に区切ってかな漢字混じり文に変換するバリエーションとなる。バリエーションの個々の要素が、かな漢字変換の出力の候補である。次に行うべき課題は、個々の候補に対して、もっともらしさをそれぞれ算出することである。

2.3　単語ラティス構造に対するコストやスコアの設定

　出力の候補となっている各パスのもっともらしさを算出するには、まず、単語に相当する各ノードに「その単語がどのくらい頻繁に使われるか」を表す値を設定し、単語同士を結ぶ各ノードに「アークの前後の単語同士を連続して使うことはどのくらい頻繁にあるか」を表す値を設定する。直観的には、ノードに与える値は「日本語の単語としてどのくらいよく使うか」を表し、アークに与える値は「日本語の中で、アークの前の単語の直後にアークの後ろの単語をつなげて使うことがどのくらい多いか」を表していると考えてよい。ノードとアークに与えられる値は、計算の都合によって、「どのくらい使われるか」を表すスコアが与えられる場合と、「どのくらい使われにくいか」を表すコストが与えられる場合がある。スコアの場合は、値が大きければ大きいほど「よく使われる」ことを示し、コストの場合は、値が大きければ大きいほど「あまり使われない」こ

とを示す。スコアとコストでは、意味が逆になるので注意されたい。図B.2は、図B.1の単語ラティス構造の一部にコストを設定した例である。日本語では、文頭に名詞や数詞を使うことが多いので、文頭

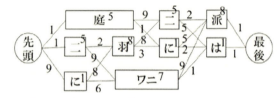

図 B.2 単語ラティス構造に対するコスト設定の例

を示す「入力文字列の先頭」から「庭」や「二」へのコストは低く、1が設定されている。これに対し、文頭に助詞「に」を使うことはほとんどないので、「入力文字の先頭」から「に」へのアークのコストは高く、9が設定されている。

少し前までは、単語ラティス構造中のそれぞれのノードやアークに対して人間が直観でスコアやコストを設定していた。現在の自然言語処理では、大規模コーパスから単語の出現確率や単語と単語が連続して使われる確率を抽出して、その値を基にして、ノードやアークに対するスコアやコストを設定することが多い。たとえば、図B.2のかな漢字変換への入力が「にわ」だった場合を例にとって考えてみよう。

それぞれのノードとアークの確率は、図B.3のようになっているとする。文頭にもよく使われる名詞の「庭」や数詞の「二」は、先頭からのアークの確率が高く、文頭にはほとんど使われない助詞「に」は先頭からのアークの確率が低い。単体の単語の出現確率でみると、助詞「に」は繰り返し使われることが多いため、「庭」「二」「羽」よりも確率が高くなっている。つまり、各アーク・ノードの確率は、日本語としての「もっともらしさ」を示すスコアだと考えてよい。この単語ラティス構造の、先頭から最後に至るまでのパスの確率は、それぞれのノードとアークの確率を全て掛け合わせた値になる。

- ［先頭］-「庭」-［最後］　　　　$0.499 \times 0.03 \times 0.5 \fallingdotseq 0.007$
- ［先頭］-「二」-「羽」-［最後］　$0.499 \times 0.03 \times 0.25 \times 0.003 \times 0.5 \fallingdotseq 0.000006$
- ［先頭］-「に」-「羽」-［最後］　$0.002 \times 0.5 \times 0.003 \times 0.003 \times 0.5 \fallingdotseq 0.000000005$

一番確率が高く「もっともらしい」と判断される［先頭］-「庭」-［最後］でも、確率は1%（0.01）を割っている。たかだか1-2語の長さしかなく、単語の種類も少ないパスでさえこのように小さな値になることからもわかるとおり、通常の日本語文でパスの確率を計算すると、コンピュータでは計算が困難なほど小さな値を扱わなければならなくなり、その困難さを避けるために余分な計算手順が増え

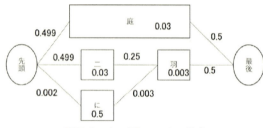

図 B.3 ノードとアークの確率

る。このため、アークやノードの確率をそのまま掛け合わせるのではなく、確率を対数にした値の絶対値をアークやノードの確率に置き換えて、その総和をパスのコストとする手法がとられている。

図B.3の例で、対数の底を2として考えてみよう。［先頭］-「庭」の間のアークの確率は、0.499 である。$2^{-1}=1/2^1=0.5$ なので、［先頭］-「庭」のアークの確率は、だいたい 2^{-1} に近い。同様に、それぞれのアークとノードの確率が2の何乗（2のn乗）になるか計算すると、図B.4のようになる。

図B.4の各アークやノードの値の指数部分が、各アークやノードの確率の、2を底とした対数である。

各アークやノードの確率と同様、各パスの確率を2のn乗で表すと、以下のようになる。

- ［先頭］-「庭」-［最後］　　　　　　$2^{-1} \times 2^{-5} \times 2^{-1} = 2^{(-1)+(-5)+(-1)}$
- ［先頭］-「二」-「羽」-［最後］　　　$2^{-1} \times 2^{-5} \times 2^{-2} \times 2^{-8} \times 2^{-1} = 2^{(-1)+(-5)+(-2)+(-8)+(-1)}$
- ［先頭］-「に」-「羽」-［最後］　　　$2^{-9} \times 2^{-1} \times 2^{-8} \times 2^{-8} \times 2^{-1} = 2^{(-9)+(-1)+(-8)+(-8)+(-1)}$

x が1より大きい場合、$x^a > x^b$ ならば $a > b$ が成り立つので、各アークとノードの確率の大小関係と、各アークとノードの確率を2のn乗で表した指数部分の大小関係は変わらない。同様に、各パスの確率の大小関係と、各パスの確率を2のn乗で表した指数部分の大小関係も変わらない。また、上記の式からもわかるとおり、各パスの確率の指数部分は、各アークとノードの指数部分の和算になっている。つまり、単語ラティス構造の「もっともらしさ」の値を、2を底とした対数に置き換えると、各アークやノード間の値の大小関係は変わらないうえに、パスの「もっともらしさ」を和算で求めることができるようになる。

さらに、各アークとノードの確率は1より小さいため、1よりも大きい値を底とした対数は必ず負の数になる。各アークとノードの確率を、対数そのものではなく対数の絶対値で置き換えれば、各パスの確率は、正の数の和算で置き換えられる。確率そのものや1より大きい値を底とした対数を単語ラティス構造の「もっともらしさ」の値とする場合は、その値が大きいほど「もっともらしい」、言い換えると「日本語として使われやすい」ことを示すスコアであるのに対し、対数の絶対値を単語ラティス構造の「もっともらしさ」の値とする場合は、各アーク・ノード・パスの値が大きいほうが「もっともらしくない」、つまり、「日本語として使われにくい」ことを

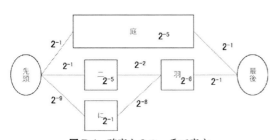

図B.4 確率を2のn乗で表す

示すコストであることを留意されたい。図B.5に、図B.4の各ノード・アークの「もっともらしさ」の値を、2を底とした対数の絶対値に置き換えたものを示す。

図B.5の各パスの「もっともらしさ」のコスト（つまり「もっともらしくなさ」）は、
- ［先頭］-「庭」-［最後］　　　　1＋5＋1＝7
- ［先頭］-「二」-「羽」-［最後］　1＋5＋2＋8＋1＝17
- ［先頭］-「に」-「羽」-［最後］　9＋1＋8＋8＋1＝27

である。コストが小さいほうが日本語として「もっともらしい」ので、このパスの中で一番日本語として「もっともらしい」のは［先頭］-「庭」-［最後］のパスである。各アーク・ノードの確率そのものを乗算してパスの確率を計算した場合と、指数の絶対値に置き換えた「もっともらしさ」のコスト（「もっともらしくなさ」）を計算した場合の双方において、同じように［先頭］-「庭」-［最後］のパスが一番「もっともらしい」候補として選択されるのがおわかりいただけただろうか。

上記では、確率を対数にする場合の底を2として説明したが、底は1より大きければ何でも構わない。底が変わっても対数が定数倍になるだけで、各アーク・ノード・パスの大小関係は変わらないからである。

2.4　一番もっともらしいパスを効率的に算出する

上記で図B.5から計算した各パスの「もっともらしさ」のコスト（つまり「もっともらしくなさ」）は、パスの長さも単語の種類も少ないことから、候補となるパスが3つだけしかなかった。しかし、通常の日本語文を単語に区切る場合、候補となるパスは数千〜数万種類となることも多く、できるだけ効率的な無駄のない方法で「もっともらしさ」を計算することが必要になる。

この問題を解決するために、「動的計画法」と呼ばれる手法がよく使われる。動的計画法とは、解かなければならない大きな課題をいくつかの小さい課題に分割して、各小課題の計算結果を記録して必要なときに参照できるようにすることで、同じ計算を複数回せずに済ませる方法のことである。ここでは、動的計画法の一つであるビタービ・アルゴリズムを使用して、一番「もっともらしい」パスを見つける手順を説明する。

ビタービ・アルゴリズムの基本動作は、入力（文字）と、ラティス構造のノード（単語）の2つからなる2次元配列を作成し、計算した値を配列に順に埋めていき、それぞれの要素に至るまでのコストの低いパスを効率よく求めるとい

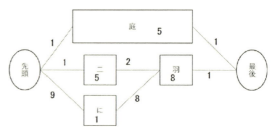

図B.5　「もっともらしくなさ」を対数の絶対値で表す

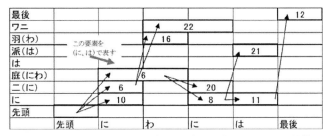

図 B.6 ビタービ・アルゴリズムの実行例で作られる配列の状態
ここで「先頭、に、わ、に、は、最後」を第1次元、「先頭、に、二、庭、は、派、羽、ワニ、最後」を第2次元とする。そして、例えば（に、は）により、第1次元が「に」、第2次元が「は」の要素を指す。

うものである（図 B.6 参照）。

このアルゴリズムを用いて「にわには」のかな漢字変換・形態素解析をしてみよう。単語ラティス構造は図 B.2 のように表される。アークとノードには、大量の文章から抽出された情報を基にコストが設定されている。アークのコストを遷移コスト、ノードのコストを単語コストと呼ぶ。また、（文字，ノード）の表記で、2次元配列の文字の列とノード（単語）の行が交わる欄を表す。

図 B.6 に、このアルゴリズムによって作成される配列の状態を示す。まず図 B.2 を見ると「先頭」ノードにつながっているノードが「庭」「二」「に」であることから、図 B.6 の（に、庭）、（に、二）、（に、に）の欄に、それぞれのコストが計算されて書き込まれる。ここでコストは、先頭からの遷移コストとそれぞれの単語のコストの和である。そこで、たとえば（に、に）には、遷移コスト9と単語コスト1の和の10が記入される。

さて、図 B.2 において先頭にある「二」と「に」のノードはそれぞれ「羽」と「ワニ」のノードと結びついている。「羽」の単語コストが8、「二」-「羽」の遷移コストが2であることから「二」-「羽」というパスは6+2+8=16となる。また「に」-「羽」の遷移コストは8であることから「に」-「羽」というパスは10+8+8=26となる。このことから配列の（わ，羽）の要素にはこの2つのコストのうち最小の16が書き込まれ、配列上では（先頭,先頭）から（わ,羽）までの最良パスが先頭,先頭）-（に、二）-（わ、羽）と決まる。同様に「ワニ」ノードへも「に」と「二」からの二つのパスがあるが、これも「二」からのパスが最小コストであるため、（わ、ワニ）の要素には6+9+7=22が書き込まれる。このようにして3文字目の「に」と4文字目の「は」の列の要素の値とパスを求めていくと、最後のノードまでの最小コストのパスが『先頭-「庭」-「に」-「は」-最後』であり、コストが12であることが求められる。

2.5 同様の手法を使用する例——音声認識

　形態素解析やかな漢字変換と同じような確率的な処理を行う分野として、音声認識が挙げられる。広い意味での「音声認識」は、音声が表す単語や文という言語情報だけではなく、イントネーション・リズム・ポーズ（休止）などのパラ言語情報や、息遣いや声に込められた感情などの非言語情報がある。言語情報だけを取り出すこと、つまり音声を入力としてかな漢字混じり文を出力とする、いわゆる「書き起こし」に当たる狭い意味での「音声認識」は、前述の形態素解析やかな漢字変換とよく似た処理を行っている。

　音声という物理現象に対し、前処理・特徴量抽出によって音声の周波数特性などの特徴量を抽出する。たとえば「にわには」という音声入力からは、（理想的には）音素 niwaniwa に対応する特徴量が抽出される。音声認識は、こうした特徴量に対して、一番もっともらしい単語の表記の列を求める。つまり、形態素解析やかな漢字変換の入力である文字列が音声の特徴量の列に置き換えられているだけで、確率を使ってその入力の列から一番もっともらしい単語の表記の列を求める部分は、形態素解析やかな漢字変換と音声認識はほぼ同じ考え方に基づいて行われている。

2.6 形態素解析システムやかな漢字変換システムの正解率を上げるには

　工藤（2009）によると、形態素解析システム MeCab の正解率は98％以上であると報告されている。検索システムなどの多くの実用システムでは充分使用に値するこの正解率も、日本語学の研究者にとっては不足であることも多い。

　形態素解析システムやかな漢字変換システムの正解率を下げる原因は、大きく分けて2つある。一つは未知語と呼ばれる、システムの辞書に登録されていない語である。入力データに未知語があると、未知語に相当する部分をシステムが認識できないだけでなく、その周囲の部分の単語分割や品詞付与にも悪影響を与え、正解率を引き下げることが多い。この問題を避けるためには、ユーザに新語を登録してもらったり、ユーザの入力履歴やウェブなどから新語を収集したりする仕組みが必要である。自分が使用するシステムを選ぶ場合には、単語登録が容易であることや、信頼のおける大規模辞書を適用しやすいことなどを考慮するとよい。

　もう一つの問題は、同音異義語・同綴異義語である。同音異義語・同綴異義語は「かき」や「行った」がその例である。「牡蠣」も「柿」も音は「かき」であり同音異義語である。また、「行った」という綴り（表記）は「いった」と「おこなった」の双方の解釈が可能なので同綴異義語である。同音異義語・同綴異義語は、先に触れたように、単語の出現確率を使って処理される。従って、「名古屋へ彼は行った」と「大事業を彼は行った」を形態素解析した場合、「行った」が双方とも「いった」と解釈されるか、双方とも「おこなった」と解釈されるかのどちらかである可能性が非常に高い。形態素解析システ

ムのユーザとしてこの問題を解決するのは非常に困難である。MeCab の場合、コーパスからパラメタを推定し直すこともできるため、人為的に操作したコーパスからパラメタを推定し直すことによって、特定の誤解析を避けることは不可能ではない。ただし、コーパスからのパラメタ推定にはそれなりに手間暇がかかる上、自分が想定していなかった部分の結果が大きく変わる場合があるので、十分な注意が必要である。

3. 構文解析・係り受け解析

　構文解析とは文法に従って、文の構成（文法構造）を解析することであり、英語の場合は句構造文法に基づく句構造解析が、日本語の場合は文節間の係り受け関係に基づく係り受け解析が主流である。日本語文を扱うシステムとしては KNP や CaboCha が知られている。本節では CaboCha の紹介とその仕組について述べる。CaboCha は形態素解析器 MeCab と連携して機能し、サポートベクターマシン（SVM）で係り受け判定を学習した日本語係り受け解析器である。パラメタにより出力形式が変わるが、「庭には二羽鶏がいる」を入力とした場合の 2 通りの出力形式（ラティスと XML）を図 B.7 に示す。この二つは形式こそ違え同じ内容を表していることがわかるだろう。

　CaboCha の仕組みを図 B.8 に示す。CaboCha の処理手順は以下のとおりである。

① MeCab などの形態素解析器により入力文を形態素に分割する。

② ①の結果から品詞にもとづき、文節相当のチャンク（まとまり）を作っていく。入力文「庭には二羽鶏がいる」に対しては、「庭には」「二羽鶏が」「いる」という 3 つのチャンクが作られる。出力結果においてはチャンクそれぞれに先頭のチャンクから順に 0, 1, 2, …という ID が振られる。

③ チャンクとチャンクの間の係り受け判定を先頭から行い、最後のチャンク以外はす

```
* 0 2D 0/2 -1.888149
庭    名詞,一般,*,*,*,*,庭,ニワ,ニワ
に    助詞,格助詞,一般,*,*,*,に,ニ,ニ
は    助詞,係助詞,*,*,*,*,は,ハ,ワ
* 1 2D 2/3 -1.888149
二    名詞,数,*,*,*,*,二,ニ,ニ
羽    名詞,接尾,助数詞,*,*,*,羽,ワ,ワ
鶏    名詞,一般,*,*,*,*,鶏,ニワトリ,ニワトリ
が    助詞,格助詞,一般,*,*,*,が,ガ,ガ
* 2 -1D 0/0 0.000000
いる  動詞,自立,*,*,一段,基本形,いる,イル,イル
EOS
```

```xml
<sentence>
  <chunk id="0" link="2" rel="D" score="-1.888149" head="0" func="2">
    <tok id="0" feature="名詞,一般,*,*,*,*,庭,ニワ,ニワ">庭</tok>
    <tok id="1" feature="助詞,格助詞,一般,*,*,*,に,ニ,ニ">に</tok>
    <tok id="2" feature="助詞,係助詞,*,*,*,*,は,ハ,ワ">は</tok>
  </chunk>
  <chunk id="1" link="2" rel="D" score="-1.888149" head="5" func="6">
    <tok id="3" feature="名詞,数,*,*,*,*,二,ニ,ニ">二</tok>
    <tok id="4" feature="名詞,接尾,助数詞,*,*,*,羽,ワ,ワ">羽</tok>
    <tok id="5" feature="名詞,一般,*,*,*,*,鶏,ニワトリ,ニワトリ">鶏</tok>
    <tok id="6" feature="助詞,格助詞,一般,*,*,*,が,ガ,ガ">が</tok>
  </chunk>
  <chunk id="2" link="-1" rel="D" score="0.000000" head="7" func="7">
    <tok id="7" feature="動詞,自立,*,*,一段,基本形,いる,イル,イル">いる</tok>
  </chunk>
</sentence>
```

図 B.7　CaboCha 0.69 を用いた「庭には二羽鶏がいる」に対する 2 通りの出力形式（左側の形式をラティス、右側を XML という）

べて後ろのチャンクに係るまで繰り返す。ここで、係り受け判定は、コーパスに基づく「教師あり機械学習」(正解データを与える機械学習)により得られた基準にもとづいて行われる。ラティス形式の結果表示では 2D がチャンク2にかかっていることを表し、XMLの表示では link = "2" によってそれが示されている。

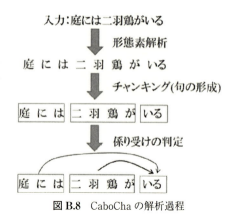

図 B.8　CaboCha の解析過程

上記の①〜③の結果、係り受けが交差せず、かつ最後のチャンク以外は必ず後方にある一つのチャンクに「係る」(図 B.8 の矢印がその関係を表している)係り受け構造が決定される。

機械学習により係り受け判定が行われることは、研究者の手によって係り受け判定のルールが作られていた伝統的な方式と対照的である。CaboCha では SVM という 2 個のクラス分類の判定器として定評がある機械学習法を用いている。つまり従来の「研究者が工夫してルールを作る」のではなく、「コーパスからの学習により機械(コンピュータ)にルールを導出させる」ことによって係り受け解析の精度をあげているのである。

性能としては新聞記事で 88% という報告がある。注意点としては、並列構造の扱いがない(すべて依存関係と扱われる)こと、「年が三つか四つの女の子」のように関係節において述語的に働く「の」に対する依存関係を誤認識しやすいこと、「おじいさんは山に柴刈りに、おばあさんは川に洗濯に行った」のような「部分並列構造」を扱えないことがある。

■ 練習問題

B.1 深層学習(ディープラーニング)を用いた自然言語処理について調べてみよう。ここで述べた手法とどういう点が似ていて、どのような点が異なるだろうか、考えてみよう。

B.2 MeCab をコンピュータにインストールしてみよう。その上でウェブのニュース記事を MeCab で解析し、そのニュース記事に一番多い名詞・一番多い動詞は何か調べてみよう。

B.3 MeCab に加えて CaboCha をコンピュータにインストールしてみよう。その上で、20 字前後の短い文と、100 字前後の長い文を CaboCha で解析し、構文解析の精度がどのくらい違うか比べてみよう。

■ツールの URL

MeCab　http://taku910.github.io/mecab/
JUMAN　http://nlp.ist.i.kyoto-u.ac.jp/index.php?cmd=read&page=JUMAN
UniDic　http://download.unidic.org/
KNP　http://nlp.ist.i.kyoto-u.ac.jp/?KNP
CaboCha　https://taku910.github.io/cabocha/

■参 考 文 献

Bird, S., Klein, E. & Loper, E.（2009）"Natural Language Processing with Python. O'Reilly"（萩原正人・中山敬広・水野貴明 訳（2010）『入門自然言語処理』 オライリー・ジャパン）
工藤拓（2009）「日本語解析ツール MeCab, CaboCha の紹介」（発表スライド）
　　http://chasen.naist.jp/chaki/t/2009-09-30/doc/mecab-cabocha-nlp-seminar-2009.pdf
德永祐之（2012）『日本語入力を支える技術』 技術評論社
中川聖一 編著（2013）『音声言語処理と自然言語処理』 コロナ社

さらなる学習のための参考文献

本書で学んだ日本語学の計量的な研究をさらに進め、理解していくために、各章のテーマに関連した文献を下記にあげる。ぜひ一読されたい。

第1章 音声・音韻
1) 川原繁人（2015）『岩波科学ライブラリー 244 音とことばのふしぎな世界—メイド声から英語の達人まで—』岩波書店
2) 北原保雄監修、上野善道編（2003）『朝倉日本語講座 3. 音声・音韻』朝倉書店
3) 窪薗晴夫（1999）『現代言語学入門 2. 日本語の音声』岩波書店
4) 窪薗晴夫（2006）『岩波科学ライブラリー 118. アクセントの法則』岩波書店
5) 前川喜久雄監修、小磯花絵編（2015）『講座日本語コーパス 3. 話し言葉コーパス—設計と構築—』朝倉書店
6) 松森晶子・新田哲夫・木部暢子・中井幸比古編著（2012）『日本語アクセント入門』

第2章 文字・表記
1) 高田智和・横山詔一編（2014）『日本語文字・表記の難しさとおもしろさ』彩流社
2) 前田富祺・野村雅昭編（2006）『朝倉漢字講座 2. 漢字のはたらき』朝倉書店
3) 前田富祺・野村雅昭編（2005）『朝倉漢字講座 4. 漢字と社会』朝倉書店

第3章 語彙
1) 宮島達夫（1994）『語彙論研究』むぎ書房
2) 伊藤雅光（2002）『計量言語学入門』大修館書店
3) 斎藤倫明・石井正彦編（2011）『これからの語彙論』ひつじ書房
4) 斎藤倫明編（2016）『講座言語研究の革新と継承 1. 日本語語彙論Ⅰ』ひつじ書房
5) 水谷静夫（1983）『朝倉日本語新講座 2. 語彙』朝倉書店

第4章 文法・意味
1) 荻野綱男・田野村忠温編（2011）『講座ITと日本語研究 5. コーパスの作成と活用』明治書院
2) 樋口耕一（2014）『社会調査のための計量テキスト分析—内容分析の継承と発展を目指して—』ナカニシヤ出版
3) 前川喜久雄監修、田野村忠温編（2014）『講座日本語コーパス 6. コーパスと日本語学』朝倉書店

第 5 章　文章・文体
1) 樺島忠夫（1979）『日本語のスタイルブック』大修館書店
2) 村上征勝（2004）『シェークスピアは誰ですか？　計量文献学の世界』文藝春秋
3) 高崎みどり・新屋映子・立川和美『日本語随筆テクストの諸相』ひつじ書房
4) 村上征勝・金明哲・土山玄・上阪彩香（2016）『計量文献学の射程』勉誠出版
5) アンソニー・ケニィ著, 吉岡健一訳（1996）『文章の計量　文学研究のための計量文体学入門』南雲堂

第 6 章　社会言語学
1) 真田信治・陣内正敬・渋谷勝己・杉戸清樹（1992）『社会言語学』おうふう
2) 真田信治・ダニエル・ロング編（2010）『改訂版　社会言語学図集』秋山書店
3) 柴田武（1978）『社会言語学の課題』三省堂

第 7 章　方言
1) 飯豊毅一・佐藤亮一・日野資純編（1983-86）『講座方言学（全 10 巻）』国書刊行会
2) 井上史雄・木部暢子編（2016）『はじめて学ぶ方言学　ことばの多様性をとらえる 28 章』ミネルヴァ書房
3) 木部暢子・竹田晃子・田中ゆかり・日高水穂・三井はるみ編（2013）『方言学入門』三省堂
4) 国立国語研究所編（2003）『新「ことば」シリーズ　16. ことばの地域差―方言は今―』財務省印刷局
5) 小林隆編（2006-07）『シリーズ方言学（全 4 巻）』岩波書店
6) 小林隆・澤村美幸（2014）『ものの言いかた東西』岩波書店
7) 柴田武（1958）『日本の方言』岩波新書
8) 徳川宗賢（1979）『日本の方言地図』中公新書
9) 平山輝男編集委員代表（1997-）『日本のことばシリーズ』明治書院（都道府県別, 沖縄県のみ南北 2 巻）

第 8 章　日本語史
1) 亀井孝・山田俊雄・大藤時彦編（2008）『日本語の歴史（全 8 巻）』平凡社
2) 田中牧郎（2013）『近代書き言葉はこうしてできた』岩波書店
3) 山口仲美（2006）『日本語の歴史』岩波書店

第 9 章　日本語教育
1) 李在鎬・石川慎一郎・砂川有里子（2012）『日本語教育のためのコーパス調査入門』くろしお出版

第10章　日本語処理

1) 浅尾仁彦・李在鎬（2013）『言語研究のためのプログラミング入門』開拓社
2) 黒橋禎夫（2015）『自然言語処理』放送大学教育振興会
3) 小町守監修、奥野陽・グラム・ニュービック・萩原正人著『仕組みが見えるゼロからわかる　自然言語処理の技術』翔泳社
4) 中川聖一編著（2013）『音声言語処理と自然言語処理』コロナ社

索　引

■ア　行
アーク　138
アクセント　11, 57
アナウンサー　59
奄美　74
ありさま描写　49

イエデン　60
位相　90
異体字　18
意味　33
意味分野　27
イントネーション　11
引用節　104

動き描写　49, 52
うち　62

沖縄　74
折れ線グラフ　122
音韻　1, 2
音声　1
音声言語　7
音声認識　144
音節　6

■カ　行
階級　131
階級値　131
階級幅　131, 135
外来語　5, 84
外来語音　5
係り受け　136
係り受け解析　145
書き言葉　7

書き言葉的文体　47-49
学習者　40, 96, 100
学習者コーパス　40, 97
学校文法　33
かな漢字変換　138
かな漢字交じり文　137
カバー率　25
頑健　130
漢語　11, 84, 91
関西弁　69
漢字　14
漢字含有率　17
漢字使用　100
観測値　121
漢文訓読文　89

聞き手　64
基本語彙　27
基本統計量　119, 128, 135
逆文書頻度　113
九州方言　74
共起　63
共通語　72
　　――への心理的距離　78
共通語運用能力の獲得　79
共通語的発音　80
京都大学テキストコーパス　118
キーワード的　113

クエリ　109-112, 116
熊　57
クラスタ　109
クラスタリング　109
グラフ　122

クロード・シャノン　54

敬語　64-66
傾向線　46, 47, 50
敬語行動　65
形態素　137
形態素解析　107, 108, 116, 138
携帯電話　60
形容動詞の連体修飾形　35
計量語彙論　23, 119
計量国語学　119
計量字彙論　119
計量文献学　54, 125
計量文体論　54, 119
ゲシュタルト　19
ケータイ　61
言語　71
言語意識調査　70
言語学　119
言語行動　66, 67
言語情報　144
言語体系　67
言語的距離　71
言語データ　121
言語変化　57, 59
言語変種　71
謙譲語形　66
現代雑誌70種の語彙調査　27
現代日本語書き言葉均衡コーパス　38, 118

語彙　22, 84, 119
　　――の変化　30

索引

――の変遷　90
語彙表　25
語彙リスト　91
語彙量　24
構造　134
高頻度語彙　92
構文解析　145
高齢者　60
高齢層　58
国語学　119
語種　11, 61, 84, 121
五十音図　4
語種構成比率　88
語順　42
語数　121
コスト　139
語長　119, 121
　　――の度数分布表　125, 134
　　――のヒストグラム　125
固定電話　60
『古典対照語い表』　85
『古典対照分類語彙表』　85
異なり　16
異なり語数　23
言葉遣い　66
好み　15
コーパス　67, 87, 136
個別的文体　48, 49
コミュニケーション　67
誤用　100, 102
『今昔物語集』　88
コンピュータ　107, 136

■サ　行

最頻値　129, 130, 135
さ入れ言葉　37
先島　74
サポートベクターマシン　145

散布図　45
散布度　128, 129, 135

字彙　119
子音　1
ジェンダー　64
死語　59
字種　121
自称詞　59
字数　121
自然言語処理　107, 137
字体　18
質的データ　121, 125, 134
ジップの派生法則　127
ジップの法則　26, 120
質問応答システム　109
質問調査　67
指標　134
自分　62
四分位偏差　129, 135
社会言語学　57
社会的使用頻度　15
社会方言　72
若年層　58
ジャンル　26
集合　119, 134
重要度　109
述語否定形　103
使用度数　7
情報検索　108
将来予測　120, 134
使用率　1, 92
書記言語　7
助詞　38
女性　61, 62
女性語的　63
自立語　122
しりとり　12
深層学習　146

数理文献学　54
スコア　139
ステレオタイプ　70
ストップワード　113
スマホ　61

清音　11
制御文字　136
西部方言　74
性別　66
正用　100, 101
全国共通語　72
潜在意味分析　116
潜在トピックモデル　116
全文検索　109
専門用語　128

創作型人工知能　54, 55
促音　1
属性差　57, 61
尊敬待遇表現　37
ぞんざい　65

■タ　行

待遇レベル　65, 66
体系　134
体系表　120
代表値　128, 130, 131, 135
大量データ　67
太陽コーパス　34
濁音　12
縦棒グラフ　122, 125
多峰性　126
多様性　57, 67
単位語　23
単語　137
単語頻度　113
単語文書行列　109, 111, 112, 116
単語ラティス構造　138

男女差　61, 64
男女度　63
男性　60-62
男性語的　63
短単位　24
単峰性　126, 128

地域方言　72
茶まめ　31
チャンク　145
中央値　129, 135
中心傾向　132, 135
中心的傾向　123
長音　1
長単位　24
直音　9
著者推定問題　125

鶴岡調査　79

丁寧　65
丁寧さ　65
丁寧体　98
テキスト自動生成論　54
デスマス　66
電話機　60

同音異義語　127, 144
統計　119, 134
統語解析　108
動詞語尾　103
動詞の可能形　34
動的計画法　142
同綴異義語　144
東部方言　74
特殊モーラ　1
特徴　109
特徴語　27
度数　122, 130
度数分布　120

度数分布図　125
度数分布表　121
　　語長の——　125, 134
　　品詞の——　121, 134
　　文長の——　135
特化係数　29

■ナ行
なじみ　15

二重母音　3
煮詰まる　56
日本語教育　96
日本語教育用文法シラバス
　　43
日本語史　84
日本語処理　107
日本語能力試験出題基準
　　102
日本語話し言葉コーパス　7,
　　38, 118
日本語歴史コーパス　84, 86
ニューラルネットワーク
　　117

ネット調査　18
年齢　66
年齢差　56-59, 61

ノード　138
延べ　16
延べ語数　23

■ハ行
拍数　125
パス　139
外れ値　126, 132
撥音　1
初音ミク　54
話し言葉　7

話し言葉的文体　47-49
バラエティ　57
パラ言語情報　144
バラツキ　128, 130, 135
パレートの法則　123
パレート分析　123
パレート図　122
範囲　129, 135
半子音　2
半母音　1

非言語情報　144
ヒストグラム　125
　　語長の——　125
　　——の分布型　126
ヒストグラム分析　126, 132
ビタービ・アルゴリズム
　　142
ビット　136
非文　100, 102
非母語話者　40
表記　14
表現　109
描写的文章　47-49
標準語　72
標準語形　75
標準語形分布率　76
標準語占有率　77
標準偏差　129, 135
ひらがな　14
品詞　119, 121
　　——の度数分布表　121,
　　134
品詞構成比率　45-48, 51
品詞比率　50, 52

副詞の呼応　36
物的文字環境　15
プログラミング言語　117
文化庁　56, 59

索引

文京区根津の調査　58
分散　129, 135
分散値　134
文章　45, 119
文章指標　49, 51
文章心理学　54
文書間の類似度　110
文書検索　108
文体　45, 119
文体差　59
文体統計学　54
文長　119, 121, 131
　　——の度数分布表　135
分布
　　——に関する傾向　122
　　——の歪度　132, 135
　　——の型　132, 135
　　——の面積　130
分布全体の広がり　132, 135
文法　33
分野　37
『分類語彙表』　28
平均値　121, 128, 129, 135
平均的傾向　123

母音　1
母音連続　3
棒グラフ　1
方言　69
方言区画　73
方言体系　75
方言動態　75
法則　47, 50
ボーカロイド　54
母語話者　40, 96, 100
北海道共通語　77
梵語　86
本土方言　74

■マ 行
マルコフ・モデル　54

見出し語　23, 125
未知語　144
ミーン　128

メディアン　129

文字　14
文字環境　15
文字コード　136
文字使用　14
文字認知心理　15
もっともらしさ　141
モード　129
モーラ　1
モーラ数　125

■ヤ 行
役割語　60

ゆれ　34

拗音　9
要約的　50, 52
要約的文章　47-49
世論調査　56

■ラ 行
ら抜き言葉　35

俚言　73
琉球方言　74
量的構造　120
量的データ　121, 125, 131, 134

類義語　66
類義表現　98

類型的文体　48, 49
類似　112, 113
類似度　108-112
　　文書間の——　110
累積使用率　92
累積度数　122

レジスター　37

老人語　60
ロバスト　130
ローマ字　14

■ワ 行
和漢混淆文　89
和語　11, 84
わし　59, 60
和文　89

■数字・欧文
20：80の法則　124
2峰性　126

ABC分析　123
ASCII　136

BCCWJ　38, 118
BoW表現　109, 112

CaboCha　108, 118, 145
Chaki.Net　31
cos　110-112
CP932　136
CSJ　7, 38, 118

DF　113-115

IDF　113-116

JISX0208　136

索引

JUMAN　108, 118
Jポップ　54, 55

KH Coder　31
KNP　108, 118, 145

LDA　116
LSA　116

MeCab　31, 107, 108, 118, 144
MVR　49-52

n-gram モデル　54

NHK　58, 59

Perl　117
Python　117

R　117
Ruby　117

Shift JIS　136
SVM　145

TF　113-116
TF-IDF　113-116
TTR　24

Unicode　136
UniDic　31, 118, 138
UPSID　3
UTF-8　136

WALS　4
Web調査　18
Word2vec　146

XML　145

YNU書き言葉コーパス　97

編集委員紹介(五十音順)

伊藤 雅光（いとう まさみつ）　元 大正大学文学部・教授
荻野 紫穂（おぎの しほ）　武蔵大学経済学部・教授
荻野 綱男（おぎの つなお）　日本大学文理学部・教授
長谷川 守寿（はせがわ もりひさ）　首都大学東京都市教養学部・准教授
丸山 直子（まるやま なおこ）　東京女子大学現代教養学部・教授

データで学ぶ日本語学入門

定価はカバーに表示

2017 年 3 月 10 日　初版第 1 刷
2022 年 1 月 25 日　　　第 4 刷

編　集　計 量 国 語 学 会
発行者　朝 倉 誠 造
発行所　株式会社 朝 倉 書 店
東京都新宿区新小川町 6-29
郵便番号　162-8707
電話　03(3260)0141
FAX　03(3260)0180
https://www.asakura.co.jp

〈検印省略〉

Ⓒ 2017〈無断複写・転載を禁ず〉

教文堂・渡辺製本

ISBN 978-4-254-51050-8　C3081　　Printed in Japan

JCOPY ＜出版者著作権管理機構　委託出版物＞

本書の無断複写は著作権法上での例外を除き禁じられています．複写される場合は，そのつど事前に，出版者著作権管理機構（電話 03-5244-5088, FAX 03-5244-5089, e-mail: info@jcopy.or.jp）の許諾を得てください．